国家自然科学基金资助项目(批准号:71503190)

中国制造业的集聚动力与集聚效率研究：
产业集聚与企业异质互动的视角

Zhongguo Zhizaoye de Jiju Dongli yu Jiju Xiaolü Yanjiu:
Chanye Jiju yu Qiye Yizhi Hudong de Shijiao

孙元元　著

中国地质大学出版社
ZHONGGUO DIZHI DAXUE CHUBANSHE

图书在版编目(CIP)数据

中国制造业的集聚动力与集聚效率研究:产业集聚与企业异质互动的视角/孙元元著.—武汉:中国地质大学出版社,2016.11
ISBN 978-7-5625-4000-7

Ⅰ.①中…
Ⅱ.①孙…
Ⅲ.①制造工业-研究-中国
Ⅳ.①F426.4

中国版本图书馆CIP数据核字(2016)第312591号

中国制造业的集聚动力与集聚效率研究:产业集聚与企业异质互动的视角	孙元元 著

责任编辑:党梅梅	选题策划:徐蕾蕾	责任校对:徐蕾蕾

出版发行:中国地质大学出版社(武汉市洪山区鲁磨路388号)　邮政编码:430074
电　　话:(027)67883511　　传真:67883580　　E-mail:cbb@cug.edu.cn
经　　销:全国新华书店　　　　　　　　　　　　http://cugp.cug.edu.cn

开本:880毫米×1230毫米 1/32	字数:158千字	印张:5.5
版次:2016年11月第1版		印次:2016年11月第1次印刷
印刷:武汉市籍缘印刷厂		
ISBN 978-7-5625-4000-7		定价:32.00元

如有印装质量问题请与印刷厂联系调换

前言

目前对中国制造业空间集聚的研究主要是针对产业在空间分布转移等问题的研究，即仅仅研究中国制造业集聚中关于"量"方面的问题，或者是仅仅针对中国制造业集聚中资源配置效率等问题进行研究，即仅仅研究中国制造业集聚中关于"质"方面的问题，将两者相结合的研究还较为鲜见，而本书研究的目的即在于将制造业集聚中"量"的研究与"质"的研究结合起来，探讨如何推动中国制造业"有质量"的集聚。为此，本书从产业集聚的技术外部性可以作为企业生产率异质性的来源入手，基于"产业集聚与企业生产率异质性内生互动关系"的视角构建了一个新新经济地理理论框架，而后在这个统一的理论框架之下，弄清中国制造业集聚的动力机制，同时明确中国制造业集聚效率的演变机制及其影响因素，为经济新常态下促进中国制造业有效集聚、提高中国经济增长质量提供可行思路。

本书得到的主要结论有：就中国制造业集聚的动力而言，本书以 OTT 线性框架为基础，构建了一个基于产业集聚与企业异质内生互动关系的新新经济地理模型，详细探讨了市场一体化作用于产业集聚的内在机制，理论模型的结果说明，技术进步会促进产业集聚，且随着市场一体化的深化，地区技术差距也会随之扩大。通过计量模型的实证分析,得出上述结论是成立的,而且相当稳健。就中国制造业集聚的效率而言,二元边际下省际间资源配置效率变化来源于产业集聚与生产率异质的互动作用,中国制造业在省际间的资源配置整体有效但却有恶化趋势,其中集约边际下的资源配置效率有所改善,而扩展边际下的资源配置效率逐渐恶化,沿海资源配置效率要高于内地,主要是因为沿海扩展边际下资源配置效率要高于内地或沿海产业集聚的技术外部性要高于内地。本书的结论表明,可以通过降低双向贸易成本和提高产业集聚的技术外部性来推动中国制造业的有效集聚。

本书得到国家自然科学基金青年科学基金项目(中国制造业空间有效集聚研究:基于产业集聚与企业异质性互动的视角,批准号:71503190)的资助,特此致谢。由于作者水平有限,编写过程中难免存在一些不足和缺陷,请广大读者给予批评指正。

孙元元
2016 年 8 月

目录

1 引言 …………………………………………………… (1)
　1.1 研究意义 ………………………………………… (1)
　1.2 国内外研究现状与评述 ………………………… (3)
　1.3 本书的特色与创新之处 ………………………… (15)
2 产业集聚与企业异质互动作用下资本自由流动模型的构建 ……………………………………………………… (19)
　2.1 基本模型框架 …………………………………… (23)
　　2.1.1 偏好与需求 ………………………………… (23)
　　2.1.2 生产技术 …………………………………… (24)
　　2.1.3 短期均衡 …………………………………… (25)
　2.2 产业的空间均衡分布 …………………………… (27)
　　2.2.1 长期均衡分析 ……………………………… (28)
　　2.2.2 本地市场效应 ……………………………… (31)
　　2.2.3 消费者福利分析 …………………………… (35)
　2.3 小结 ……………………………………………… (38)

3 产业集聚与企业异质互动作用下劳动力自由流动模型的构建 …… (39)

3.1 基本模型框架 …… (42)
3.1.1 偏好与需求 …… (42)
3.1.2 生产技术 …… (44)
3.1.3 市场均衡 …… (45)
3.2 企业异质外生时的产业分布 …… (46)
3.3 企业异质内生时的产业分布 …… (49)
3.3.1 地区间消费者效用差异分析 …… (49)
3.3.2 长期均衡分析 …… (53)
3.4 企业异质内生可变、城市拥挤成本与钟状曲线的出现条件 …… (56)
3.5 小结 …… (65)

4 中国制造业集聚的动力机制——企业异质与产业集聚互动的视角 …… (67)

4.1 企业异质程度增加(或技术进步)是否促进了制造业集聚 …… (68)
4.1.1 计量模型与数据说明 …… (69)
4.1.2 实证分析 …… (74)
4.2 市场一体化是否扩大了地区技术差距 …… (79)
4.2.1 计量模型与数据说明 …… (83)
4.2.2 实证分析 …… (90)
4.3 小结 …… (111)

5 中国制造业集聚的效率演变机制——企业异质与产业集聚互动的视角 (113)

5.1 二元边际下省际间制造业资源配置效率的演化机制 (119)
5.1.1 省际间制造业资源配置效率的分解 (119)
5.1.2 产业集聚与企业生产率异质的互动作用——二元边际下资源配置效率变化的来源 (123)
5.1.3 二元边际下资源配置效率的可能演化路径 (126)

5.2 中国制造业分行业、分地区生产率的估算 (129)
5.2.1 估计口径和年份的确定 (129)
5.2.2 行业门类的选择 (130)
5.2.3 投入和产出变量的选取 (131)
5.2.4 工业增加值的估算 (133)
5.2.5 资本存量的估算 (134)
5.2.6 劳动投入 (136)
5.2.7 缺失数据的剔除 (136)

5.3 对中国制造业省际间资源配置效率的实证分析 (138)
5.3.1 中国制造业省际间资源配置效率变化的计算 (138)
5.3.2 中国制造业省际间资源配置效率变化的分解 (139)
5.3.3 中国制造业省际间资源配置效率的实际演化路径 (144)
5.3.4 中国制造业省际间资源配置效率演化的区域差异 (152)

5.4 小结 (153)

6 推动中国制造业有效集聚的可行思路 (158)

主要参考文献 (162)

1 引 言

1.1 研究意义

中国经济已经进入"新常态",经济新常态意味着应该更加注重经济增长的质量,这就需要弄清当前中国的经济增长是否是有效率的,当前高质量的经济增长或低效率的经济增长是如何形成的。由于经济的增长和演化与产业空间集聚,特别是制造业的空间集聚紧密相关,因此,解决上述问题的核心在于要弄清如何推动中国制造业在空间上的有效集聚或"有质量"地集聚。

目前对中国制造业空间集聚的研究主要是对"量"方面的研究,即分析产业在空间的分布转移等,或者是仅针对中国制造业集聚中资源配置效率进行研究,即研究中国产业集聚中关于"质"方面的问题,将两者相结合的研究还较为鲜见。而本书的研究目的即在于将产业集聚的"质"与产业集聚的"量"结合起来,探讨如何推动中国制造业"有质量"地集聚。

可见除了弄清中国制造业空间集聚的动力机制及其集聚的效率或资源配置的效率,重点是如何将两个方面的研究结合起来。

如果已分析中国制造业集聚的动力机制,接下来,由于资源肯定会存在某种程度的误置,因此,相对于判断中国制造业集聚效率的高低,更加重要的是分别找出可以改善中国制造业资源配置效率的方法以及造成中国制造业资源配置效率低下的主要成因,而后将这两类成因与中国制造业空间集聚的动力机制相匹配,如此才有可能找出促进中国制造业合理集聚、提高中国经济增长质量的最优政策安排。上述分析也意味着,若要将产业集聚的"质"与"量"结合起来,研究如何推动中国制造业"有质量"地集聚,那么对制造业空间集聚动力机制的分析和对制造业集聚效率的研究应该在同一个理论框架下进行。然而,这样的理论框架还尚未出现,问题主要体现在:①由于资源配置效率与产业生产率相关,或者说与企业生产率异质性紧密相关,因此对产业集聚动力机制的阐释,必须将企业异质性纳入分析框架之中,虽然新新经济地理已经将企业异质性(Melitz,2003)放入理论框架,但是对于企业生产率异质性来源的研究依然不够深入,由此现有新新经济地理模型所得到的关于产业如何集聚结论的可靠性也值得怀疑;②目前对产业集聚中资源配置效率的研究主要局限于对产业集聚资源误置程度或资源配置效率的测算,对资源误置形成机制的研究仍然欠缺。产业集聚中资源配置效率可以在二元边际下,或者是分别在集约边际下和扩展边际下进行估算(Banerjee,Moll,2010),但是当前延伸自Hsieh和Klenow(2009)的测算方法主要是对集约边际下资源误置的测算,同时测算的主要是资源误置的程度,而非资源配置效率的变化。这两个因素可能是导致资源配置效率理论机制研究欠缺的主要原因。

那么,解决上述两个问题的关键点在何处?一方面产业集聚中扩展边际下的资源配置效率改善指潜在企业进入可以带来生产率的提升,其实是指产业集聚可以产生一定的技术外部性,而产业集聚所产生的技术外部性恰好可以作为企业生产率异质性的来源;另一方面,集约边际下的资源配置效率改善是指产业会向生产率较高的地区集聚,而这也是最近新新经济地理文献关注的重点(Okubo et al,2010;Behrens et al,2011;Maximilian,Tobias,2013)。本书若将"企业异质性与产业集聚的互动"作为新新经济地理模型构建的基础,就可以将产业集聚的动力机制与产业集聚中资源配置效率的形成机制纳入同一个理论框架下研究,才有可能将产业集聚的主要动力与决定产业集聚效率的主要因素进行匹配分析,就经济新常态下如何促进中国制造业的有效集聚提出恰当的政策建议。

1.2 国内外研究现状与评述

由于当前对产业集聚的研究主要集中在集聚的动力机制与集聚效率两个层次,因此国内外研究综述主要从以下两个方面论述。

1. 产业集聚的动力

(1)新经济地理框架下产业集聚的动力。若要解释经济活动的空间分布,特别是解释经济活动集聚以及区域专业化的形成过程,就须理清产业的集聚过程及其集聚的机制。Combes等(2008)认为产业集聚的力量可以分别源自比较优势、外部性以及不完全竞争,不过比较优势理论很难解释为何产业会向并无资源禀赋优势的地区集聚,即不能解释为何同质空间也可能出现产业的集聚;外部性理论的缺陷在于没有一个成熟的微观理论用于解释产业的集聚。然而,以 DS 垄断竞争框架(Dixit,Stiglitz,1977)为基础的 DSK 模型(Krugman,1980)的构建,以及随后以"核心-边缘"模型

(Krugman,1991)为代表的新经济地理学的出现,为从微观角度阐释产业集聚的动力机制打下了坚实的理论基础。

新经济地理框架(Krugman,1991)将影响产业集聚的力量区分为集聚力和离散力,由于模型中技能劳动力的流动方向取决于地区间实际工资的差距,而实际工资又由名义工资和价格指数决定,因此对集聚力和离散力的分析应从价格指数和名义工资入手。①价格指数效应。由于技能劳动力或产业份额较大的地区,本地生产的产品种类所占比例越大,即较多产品都是本地生产而无需进口,故而其价格指数较低。当两个地区名义工资相等时,产业份额较大地区的实际工资水平较低,技能劳动力因此会继续流向产业份额较大地区。可见,价格指数效应可以强化份额较大地区的集聚力,进而促进了"核心-边缘"结构的形成。②市场规模效应(或市场接近效应)。由于运输成本会减小消费者需求,故而市场规模较大地区企业面临的消费者需求也会越大,由此市场规模较大地区企业的利润更高,也有能力支付劳动力更高的名义工资。较高的名义工资也意味着集聚力的强化,会促使技能劳动力由产业份额较小地区流向产业份额较大地区。③竞争效应(或市场拥挤效应)。它与市场规模效应是两种对产业集聚作用方向相反的力量,而"本地市场效应"其实就是这两种相反力量共同作用的结果(Combes et al,2008)。这是因为当产业份额较大地区的企业越来越密集时,该地区市场竞争更加激烈,市场拥挤效应也会更加凸显,每个企业所占市场份额会更少,这又会减小企业利润,进而降低技能劳动力工资,促使技能劳动力迁移到产业份额较小的地区,因此体现为离散力。

当然,构建新经济地理模型的基础除了DS框架,还有OTT线性框架(Ottaviano et al,2002)(简称OTT线性框架)。OTT线性框架的主要优势在于它可以获得模型的解析解,借助于OTT线性框架可以进一步探讨上述离散力之外的其他类型离散力,主要包含农产品贸易成本(Picard,Zeng,2005)、城市拥挤成本(Ottaviano et al,2002)以及异质性移民(Tabuchi,Thisse,2002)。这些离散力的引入使新经济地理模型与实际经济更为契合,而且三种不同的假设都可以得到类似的结论,即市场一体化与产业集聚之间存在"钟状曲线"式的关系:随着市场一体化的深化,产业先集聚,而后新的离散力增加,如随着产业集聚而带来的城市拥挤成本的上升,会使产业重新走向分散。

(2)新新经济地理框架下产业集聚的动力。新经济地理模型没有考虑企业之间生产率的异质性,不同企业间生产率的显著差异性这个典型特征没有放入新经济地理框架,显然该框架是有缺陷的。直到新新贸易理论的出现,将企业异质性这一重要特征纳入经济地理模型才成为可能。Melitz(2003)通过引入企业异质性导致了新新贸易理论的产生,在此之后,将企业异质性引入新经济地理也逐渐成为研究热点,进而产生了新新经济地理(Baldwin,Okubo,2006;Ottaviano,2011)。上述企业异质性都是指企业生产效率的异质性。Baldwin和Okubo(2006)首先将异质性企业的设定引入新经济地理模型中,探讨了企业生产效率异质对于企业区位选择和产业集聚的影响,并指出这种异质性的存在对于企业定位具有选择效应和分类效应。选择效应是指,由于高效率企业选择位于具有较大市场规模的地区可以获得更大的市场份额,同时也能够应对市场规模较大地区更加激烈的市场竞争,因而具有较大市场规模的地区会吸引高效率企业的迁入,并且生产率越高的企业也更愿意集聚于具有较大市场规模的地区。分类效应则是指,随着高效率企业迁移至中心区,中心区市场竞争加剧,中心区低效率的企业将不得不向具有较小市场规模的地区或外围地区转移以逃避激烈的竞争,从而形成高效率企业集聚于中心地区和低效率企业集聚于外围地区的格局,进而使地区间发展差距不断扩大。Baldwin 和 Okubo(2006)构建的模型基于 DS 框架,而 Okubo(2010)构建了一个基于 OTT 线性框架且存在企业异质性的新新经济地理模型。与前者得到的结论有所区别的是,Okubo(2010)发现当贸易成本进一步下降,使得市场的分割不再能够为低效率企业提供足够的保护以逃避外部竞争时,低效率企业也将选择集聚于具有更大市场规模的国家,从而导致国际生产率之间的差距随市场一体化的深化而呈先升后降的趋势。

可见,新新经济地理的分析框架由规模报酬递增、垄断竞争和企业异质性构成,企业生产率的异质性和市场竞争使生产率较高的企业可以集聚于市场规模较大的地区或核心地区,而生产率较低的企业只能集聚于市场规模较小的地区或边缘地区。与新经济地理相比,新新经济地理中微观异质性的引入正是新新经济地理区别于新经济地理的主要特征。除了企业异质性,还可以在新经济地理中引入基于消费者对不同产品品质偏好差异的产品品质异质性或需求异质性(Foster et al,2008;Baldwin,Harrigan,2011;Picard,Okubo,2012)。这是由于产品品质与当地消费者的消费习惯等本地特征相联系,进而表现为需求异质。但是从本质而言,需求异质体现的是企业生产产品品质的异质,也可以视为企业异质的范畴。无论是从产品生产效率层面的异质出发,还是从产品需求或产品品质层面的异质出发,两者可以得到相似的结论。

Maximilian 和 Tobias(2013)认为,企业异质程度的增加或技术进步会促进产业集聚。传统的新经济地理学主要是从价格指数效应、市场规模效应以及竞争效应三个方面分析技能劳动力的流动与产业的集聚状况,在新新经济地理框架下,上述三个方面仍然是分析产业布局如何变化的关键。在分析同一产业内各地区的技术进步如何影响产业布局之前,Maximilian 和 Tobias(2013)先考虑了新新经济地理框架下最简单的情形,即地区间对称的技术进步如何影响产业的布局,这是分析地区间差异化的技术进步如何影响产业集聚的基础。当地区间技术进步对称时,由基于企业生产率异质的分析框架可知,技术进步意味着生产率更高的企业会进入市场,如此部分生产率较低的企业会退出市场。而拥有较高生产率的企业可以获得更高的利润,其支付相应成本以进入出口市场的概率也会提高(Melitz,2003;Melitz,Ottiviano,2008;Maximilian,Tobias,2013)。

这种出口概率的提高也会对集聚力和分散力产生影响。首先,对于价格指数效应而言,由于技术进步会使企业更倾向于出口,因此即使在产业份额较小的地区,与技术进步之前相比,消费者可以消费的产品种类也会增加,由于产业份额较大地区原先就拥有更多的产品种类,因此技术进步会使产业份额较小地区的价格指数下降更多,即技术进步会削弱价格指数效应。其次,对于市场规模效应而言,由于更多的企业开始出口,意味着本地的企业面临着更多的区域外的竞争者,每个企业由本地市场获得的市场份额开始减少,本地市场原先较大的市场规模对于本地的企业而言,重要性下降了,而每个企业市场份额和利润的下降也会带来技能劳动力名义工资的下降,可见,技术进步也削弱了市场规模效应。最后,对于竞争效应而言,由于伴随着技术进步的是更有效的企业,每个企业的市场份额也会增加,本地市场的竞争效应或拥挤效应也会减弱。因此,技术进步既会削弱集聚力,也会削弱离散力。而 Maximilian 和 Tobias(2013)的理论分析证明,相对于集聚力而言,技术进步会使离散力下降得更多,即总体而言,整个行业内各地区间对称的技术进步会促进产业集聚。

上述分析基于整个产业的视角,探讨了产业层面各地区间对称的技术进步对产业集聚的影响。然而,同一行业内各地区间的生产率往往存在差异,因此进一步从地区的视角,探讨同一产业内各地区间非对称的技术进步对产业集聚的影响,更具现实意义。如果技术进步是非对称的或生产率存在差异,如一个地区技术保持不变(称之为"落后地区"),而另一个地区技术在进步(称之为"发达地区")。首先,由于技术进步意味着企业异质性的提升和产品种类的增加,因此即使落后地区由于进口产品种类增加而价格指数有所下降,但是发达地区产品种类扩张更多,而且发达地区的技术进步也会降低其产品价格和价格指数,故而此时价格指数效应会相对提高发达地区的实际工资,或相对增强发达地区的集聚力。其次,由于发达地区有更多的企业参与出口,因此落后地区企业的市场规模效应下降,并且由于发达地区的出口企业竞争力提升,会使落后地区企业利润下降,落后地区参与出口的企业数量会下降,发达地区企业在本地市场获得的份额会增加,进而发达地区企业的市场规模效应和名义工资水平都会相对提升,因此市场规模效应也会相对增强发达地区的集聚力。最后,由于落后地区面临着技术更为先进的发达地区企业的竞争,落后地区的企业在本地市场的份额会下降,而发达地区存在技术进步,因此发达地区每个企业在本地的市场份额会增加,故相对而言,发达地区的市场拥挤效应要小于落后地区。

由于上述三个因素使发达地区技能劳动力的实际工资相对落后地区会增加,因此发达地区的技术进步会使发达地区和落后地区之间技能劳动力的实际工资差距增加,产业倾向于进一步集聚在发达地区,即相对于对称的技术进步而言,地区间技术进步差异的存在会强化产业集聚力。随着发达地区技术水平的进一步提高或发达地区与落后地区之间生产率差异的扩大,发达地区价格指数效应和市场规模效应带来的集聚力会进一步增强,而竞争效应带来的市场拥挤效应或离散力会进一步减弱。因此地区间生产率差异的扩大会促进产业进一步向发达地区集聚,产业的集聚程度也会相应增加。Maximilian 和 Tobias(2013)所作的模拟分析也与上述结论相符合,其结论表明:在任意运输成本之下,随着地区间企业异质程度差别的增加或者生产率差异的扩大,地区间实际工资差距也会随之有所增加,即地区生产率差异的扩大进一步强化了技术发达地区的产业集聚力,而且此时不会存在对称均衡,随着市场一体化的深化或运输成本的下降,产业会逐步集聚于技术发达地区,直到最终完全集聚于发达地区。当运输成本非常低且技术先进地区初始产业份额很低时,理论上产业可能会完全集聚于技术落后地区;但是这种情况不会发生,因为运输成本是逐步下降的,当降到足够低时,产业已经集聚在技术先进地区,此时运输成本的下降不会影响产业的分布状态。

异质性的引入使新新经济地理理论可以更好地解释经济现实,也为探讨中国地区经济演变提供了全新的思路(梁琦等,2012;梁琦等,2013)。现有文献也开始逐渐深入研究企业异质性的来源。Venables(2011)从人力资本异质的角度做出了尝试,认为基于城市生活成本的自我选择机制可以使人力资本水平较高的劳动力选择大城市,由此劳动力间匹配效率的提高会使不同城市间生产率产生分化。企业异质性的另外一个可能的来源为产业集聚的技术外部性。梁琦和钱学锋(2007)对外部性与集聚做出了较为全面的综述和评论,在系统梳理空间经济学文献之后发现,在集聚力的来源方面,大量文献关注的仅仅是由消费者与产业之间的关联效应等而产生的金融外部性,而忽略了像知识外部性及信息溢出这类因素导致的技术外部性,对于集聚与技术和知识外溢之间的内生性关系问题至今尚未得到充分解决。可见,虽然技术外部性对产业集聚十分重要,部分学者也开始从实证角度分析产业集聚带来的外部性与生产率提高或创新之间的关系(范剑勇,石灵云,2009;彭向,蒋传海,2011),但是对技术外部性和产业集聚之间的理论关联还尚未深入研究,现有研究还鲜有将技术外部性纳入新经济地理或新新经济地理的理论框架之中。

类似于新经济地理框架,构建模型时选用何种建模框架也是新新经济地理研究中需要考虑的重要内容。新新经济地理的两个基本建模框架分别是 DS 框架(Dixit,Stiglitz,1977;Krugman,1991)和 OTT 线性框架(Ottaviano et al,2002)。由于 OTT 线性框架可以处理 DS 框架无法解释的贸易成本降低和集聚形成过程中产生的竞争转移效应,可以得到完整的解析解,还可以方便地将农产品贸易成本、异质性移民、城市拥挤成本等实际问题纳入分析框架之中,进而可以分析经济一体化与区域差异之间的钟状关系(Combes et al,2008),因此,采用 OTT 线性框架构建模型可能是新新经济地理框架未来主要的建模方法。而建模时将企业异质性引入模型的方式主要有两种:一种是 Melitz 和 Ottiviano(2008)基于企业生产率连续分布的建模方法;另外一种是 Okubo(2010)的建模方法,即将企业异质分布简化为高成本企业和低成本企业,如此建模也可以得到与 Baldwin 和 Okubo(2006)、Melitz 和 Ottiviano(2008)以及 Picard 和 Okubo(2012)相似的主要结论。

(3)对产业集聚动力相关文献的评述。现有研究从垄断竞争框架出发,利用新经济地理框架和新新经济地理框架,较为有效地阐释了产业集聚的相关机制。然而,现有研究主要是探讨产业集聚所产生的金融外部性对产业集聚的影响,虽然技术外部性对产业集聚十分重要,但是技术外部性和集聚的理论关联还尚未深入研究,现有文献还鲜有将技术外部性放入新经济地理的分析框架之中。企业异质模型的出现恰好为将技术外部性纳入新经济地理的分析框架之中创造了条件,即可以从企业集聚会带来知识和技术溢出的角度来阐释企业异质性。

2. 产业集聚的效率

(1)测算产业集聚效率的方法。市场的不完全性会导致各种资源不能按照边际产出均等的原则在企业间配置,进而使更多的资源流向生产率较低的部门而非生产率更高的部门,从而带来产业集聚中的资源误置或产业集聚中资源配置效率的低下。现有研究主要是从政策扭曲(Restuccia,Rogerson,2008)、融资约束(Banerjee,Moll,2010)、加成率异质(Peters,2011)等角度分析产业集聚中资源误置的成因。在对资源误置的测算方面,现有研究主要是通过测算要素投入扭曲或测算TFP扭曲来测算资源设置的程度。这两种关于资源误置的测算方法主要源自 Hsieh 和 Klenow(2009)。首先是对要素投入的扭曲进行测度,一般假定这种扭曲为每单位的资本或劳动获得补贴或被征税收的比例;其次是对TFP的扭曲或损失,即实际TFP与帕累托最优状态时的TFP的差异进行测度。Restuccia 和 Rogerson(2013)将这两种方法分别定义为直接方法与间接方法:前者是假定一种或多种投入要素存在扭曲或错配,然后利用异质性企业模型计算出要素的实际价格和实际投入量,再比较它与效率最高时的要素价格和要素投入量之间的差异,而这个差异就是某企业所面临的资源误置水平,而后进一步据此定量地评估它对总TFP的影响;后者是由于部分影响资源误置的因素很难直接测量,因此直接测度实际 TFP 与最优 TFP 之间的差异。故而直接方法主要关注资源误置产生的潜在原因,而间接方法更关注因资源误置而导致的 TFP 损失的这种结果。对于要素投入扭曲而言,Hsieh 和 Klenow(2009)给出了资本扭曲和产出扭曲的定义,不过 Hsieh 和 Klenow(2009)所定义的资本扭曲其实是资本相对于劳动的扭曲。对于 TFP 扭曲而言,Hsieh 和 Klenow(2009)、Brandt 等(2012)分别定义了单部门与两个部门情形下的 TFP 扭曲程度。值得说明的是,现有研究对资源误置的产生机制研究较少,资源误置产生的具体机制和资源配置效率演变的模式尚未理清。Banerjee 和 Moll(2010)的研究是一个较为重要的尝试,认为资源误置主要来自于集约边际下的资源误置和扩展边际下的资源误置。上述对资源误置的测度主要是对集约边际下资源误置的测度,对于扩展边际下资源误置的计算鲜有文献涉及。

(2)测算产业集聚效率的经验证据。较多文献就产业集聚中资源误置情况展开了经验分析,其中以 Hsieh 和 Klenow(2009)提出的关于资源误置的测算方法最为重要,也是近年来诸多国内外相关文献的理论基础。Hsieh 和 Klenow(2009)认为,若资源得到有效配置,1998 年中国的制造业全要素生产率的潜在增长为 115%,2005 年的潜在增长率为 86.6%。龚关和胡关亮(2013)突破 Hsieh 和 Klenow(2009)关于规模报酬不变的限制后,测算得到的中国 TFP 潜在增长与 Hsieh 和 Klenow(2009)相比要偏小。他们利用中国 1998—2007 年制造业企业数据,运用 Levinsohn 和 Petrin(2003)半参数估计方法估计出中国制造业的要素产出弹性,认为若资源得到有效配置,那么制造业 TFP 的潜在增长为 30%~57%;若仅资本的边际产出价值趋于相同,那么潜在增长为 15%~26%;若仅劳动得到有效的配置,那么潜在增长将为 12%~21%。

此外，还算得从 1998 年到 2007 年总资源配置效率的改善促进 TFP 提高大约 20.8%。其中，资本配置效率的改善促进 TFP 提高大约 10.1%，而劳动配置效率的改善促进 TFP 提高大约 7.3%。基于 Hsieh 和 Klenow(2009)计算资源误置的基础模型，Lashitew(2012)利用世界银行企业调查数据库，覆盖了 77 个国家的 20 000 家制造业企业，较为准确地测量了国家间资源误置的差异。Lashitew 分别计算了单个企业用收益表示的全要素生产率和用产量表示的全要素生产率，发现在 77 个发展中国家中，实际 TFP 与效率 TFP 之间的差异变动相当大，25%分位和 75%分位的 TFP 差异分别为 80%与 146%。除此之外，盖庆恩等(2013)测度了 1978—2009 年中国劳动力市场扭曲，结果表明，控制部门间人力资本差异后，中国劳动力市场的年均扭曲指数为 0.24，即农业部门的工资水平仅相当于非农业部门的 24%，且这种扭曲并没有呈现随时间而减弱的趋势。曹玉书和楼东玮(2012)通过测算各个经济周期中不同地区不同产业的错配系数，发现 1979—2010 年间，全国层面的第一产业处于不断恶化状态，错配系数从 0.59 增加到 1.54，第二、三产业有所恶化，错配系数变动相对较小。不过，柏培文(2012)发现总体上中国劳动力资源配置扭曲程度呈下降趋势，从 1978 年的 0.75 下降到 2010 年的 0.47，表明中国的劳动配置得到了不少改善。

(3)对产业集聚效率相关文献的评述。尽管上述文献对资源误置进行了较为全面的研究，但是通过仔细分析和梳理，也可以发现上述文献主要采用延伸于 Hsieh 和 Klenow(2009)的测算方法，导致当前对资源误置的测算方法仍然存在两个关键问题较难解决。

一是对资源误置的研究范围较窄。Banerjee 和 Moll(2010)认为资源误置主要来自于集约边际下的资源误置和扩展边际下的资源误置,而现有的测算方法主要是对集约边际下资源误置的测算。由于 Banerjee 和 Moll(2010)对资源误置二元边际下的分析将资源配置效率低下的主要因素都考虑在内,可能更加接近资源误置的本质,因此在分析资源配置效率时,可以尝试参考 Banerjee 和 Moll(2010)对集约边际下以及扩展边际下资源误置的定义,进而从上述二元边际下的视角分析制造业资源配置效率的演化机制。不过,目前源自 Hsieh 和 Klenow(2009)的方法主要是对集约边际下资源误置程度的测算。现有的测算方法主要是测算资源误置的程度,为实际 TFP 与效率 TFP 的相对值,而非资源配置效率的水平值。对于扩展边际下的资源误置,由下文扩展边际下资源误置的定义可知,难以直接计算扩展边际下资源误置的程度(Banerjee,Moll,2010)。正是由于现有方法主要计算的是资源误置的程度,是一个关于资源配置效率的相对指标,而扩展边际下,当不存在资源误置时,所有潜在厂商对资源配置效率的影响难以衡量,因此扩展边际下资源误置的程度难以测算。上述分析也意味着,测算扩展边际下衡量资源配置效率绝对指标的跨期变化值,可能是分析扩展边际下资源配置问题的可行方法。

二是缺乏可以解释资源误置形成的理论机制。现有延伸自 Hsieh 和 Klenow(2009)的测算方法无法对资源误置产生的机制做出合理的解释,进而找出资源误置的具体机制。事实上,目前并没有一个完整而系统的理论框架来对资源误置做出解释(钱学锋,蔡庸强,2014),由此就难以识别中国制造业资源误置中存在的问题,也难以针对这些问题给出提高中国制造业资源配置效率的可行的政策建议。故而识别出资源误置的形成机制,可能是当前关于资源误置研究中迫切需要解决的一个问题。鉴于现有关于资源误置的理论都与企业的生产率异质紧密相关,因此从新新经济地理入手,可能是阐释资源误置形成机制的重要渠道。然而,当前无论是源自 Hsieh 和 Klenow(2009)的测算方法,还是类似于聂辉华和贾瑞雪(2011)通过对企业生产率进行分解来解释资源误置,都较难与新新经济地理相融合来解释资源误置的形成机制。

总而言之,不但目前国内对制造业空间集聚的研究主要是对"量"方面的研究或"质"方面的研究,即分别研究产业的空间集聚或产业集聚中资源配置效率问题,将两者统一在一个理论框架下的研究还较为鲜见,而且国外也同样欠缺如何推动产业有效集聚方面的研究。其中一个主要的原因在于对企业异质性来源的研究相对较少,建模的复杂程度也导致成熟的理论框架尚未出现;另一个主要原因在于,对资源配置效率的成熟研究出现较晚,这方面的经典文献源自 Hsieh 和 Klenow(2009),直到 2009 年才出现,而且 Hsieh 和 Klenow(2009)的研究作为资源配置效率研究方面的经典文献,也只是研究了集约边际下资源配置效率的计算问题,对二元边际下资源配置效率的形成机制尚未触及。本书的研究目的即在于将产业集聚的动力机制与产业集聚的效率形成机制结合起来,尝试在同一个理论框架下,探讨如何推动中国制造业的有效集聚。

1.3 本书的特色与创新之处

本书的主要目标在于,根据构建的"产业集聚与企业生产率异质性内生互动"的新新经济地理理论框架,弄清中国制造业集聚的动力机制,并明确中国制造业集聚效率的来源及其影响因素,进而依据上述研究结论,找出可以推动中国制造业有效集聚的政策安排,为经济新常态下提高中国经济增长质量提供可行思路。

与已有研究相比,本书主要的特色与创新之处在于,通过构建一个基于"产业集聚与企业生产率异质性内生互动关系"的新新经济地理模型框架,分析了中国制造业集聚的动力机制和中国制造业集聚效率的演变机制,进而以此为基础,就如何推动中国制造业有效集聚提供了可行的研究思路。本书主要的创新之处如下。

(1)构建了一个基于"产业集聚与企业生产率异质性内生互动关系"的新新经济地理模型框架。本书将产业集聚的技术外部性作为企业异质的来源放入现有新新经济地理模型之中,即假定由技术外部性引起的低成本企业出现的概率与产业集聚或技能劳动力集聚规模正相关,进而从"产业集聚产生技术外部性,技术外部性影响企业生产率异质性,而企业生产率异质程度的变化又会进一步反馈于产业集聚"的角度入手,构建了一个可以阐释企业生产率异质与产业集聚之间内生互动机制的新新经济地理模型,并在这个新的理论框架下,重新分析了产业集聚的动力机制。由于现有的新新经济地理模型普遍未将产业集聚的技术外部性纳入分析框架中(仅包含产业集聚的金融外部性),因此与之相比,本书构建的模型对产业集聚动力机制的阐释更为全面,可以更好地吻合产业集聚的现实过程,包含了产业集聚的主要作用机制,此时得到的关于产业集聚如何形成的相关结论也更具合理性。

(2)从二元边际的视角分解中国制造业集聚的效率,并从"产业集聚与企业生产率异质性内生互动"的角度阐释了二元边际下资源配置效率变化的具体机制。现有研究对产业集聚中资源配置效率的分析仅限于集约边际下资源配置效率的分析,而本书将扩展边际下的资源配置效率变化也纳入分析框架,即从二元边际的视角分解了中国制造业集聚的效率,故而相比现有研究可以更好地理清中国制造业集聚效率的演变脉络。与直接计算制造业资源误置相比,本书计算得到的制造业资源配置效率的变化也具有一定的福利含义。除此之外,在现有关于资源配置的文献中,对资源配置效率变化或资源误置的形成机制研究依然较少。本书从"产业集聚与企业生产率异质性内生互动"的角度阐释了二元边际下资源配置效率变化的具体机制,而对上述机制的阐释是弄清如何提升中国制造业资源配置效率过程中不可缺少的一环。

此外,本书拟解决的关键问题如下。

(1)对中国制造业分行业、分地区数据的准确处理。准确的数据是本书研究能够得到可靠结论的必要前提,重要性毋庸置疑。然而,现阶段虽然研究中国制造业分行业数据处理的文献相当多,但是对制造业分行业、分地区数据做出相应研究的文献还十分罕见。本书依据现有关于分行业方面的研究(黄勇峰等,2002;朱钟棣、李小平,2005;陈勇、李小平,2006;李小平等,2008;任若恩、孙琳琳,2009;陈诗一,2011),对分行业、分地区的数据进行初步处理,发现折旧率和年度新增固定资产投资额会出现大量负值,且回归时发现中间投入对产出的贡献异常高,这都说明适用于分行业数据的处理方法并不完全适用于分行业、分地区数据的处理,这也意味着应该重新探讨中国制造业分行业、分地区数据的处理和分析方法。

(2)对本书所构建理论模型长期均衡的求解与分析。与新经济地理模型相比较,新新经济地理模型的复杂度大为提升,而本书所构建的理论模型将产业集聚与低成本企业出现概率相联系,即将产业集聚的技术外部性作为企业生产率异质性的来源,因此可以预料本书所构建模型要比现有的新新经济地理模型更加复杂。这种复杂性主要体现在两个方面:一是地区间技能劳动力的期望效用差异的求解;二是长期均衡时随市场一体化的深化,均衡产业集聚份额的求解和分析。可能的解决方法有:①对于前者,可以将地区间技能劳动力的期望效用差异分解为地区间技能劳动力的消费者剩余差异和期望工资差异,甚至可以将上述两项进一步分解,而后分别将每一项简化成新经济地理中用 OTT 线性模型表示的地区间劳动力差异的常规简化形式(Combes et al,2008),如此最后再将各项加总,进而得到地区间期望效用差异的最终表达式;②对于后者,若已经将地区间技能劳动力的期望效用差异简化为上述常规简化形式,此时既可以较为方便地利用公式推导的方法求解,也可以采用数值模拟的方法求解。总体而言,这部分难度的处理可能需要娴熟的建模技巧和数学推理能力。

(3)对实证分析中内生性的适当处理。在本书的实证研究中,一个非常关键的问题在于对内生性的恰当处理,由于宏观经济变量之间普遍存在一定的联系或双向因果关系,导致合适的工具变量较难选取。较好的选择就是最初用于动态面板估计的差分 GMM 估计方法或系统 GMM 估计方法,这两种估计方法也可以用于内生性变量的处理,主要是选取内生性变量滞后的水平变量或滞后的差分变量用作相应的工具变量。然而,此时适当地选取何种区间内的工具变量并无明确的处理方法。不过,对此 Roodman(2009)认为仍然有以下基本的处理准则可供参考:首先是为了保证工具变量的有效性,不能选取过多的工具变量,即 Hansen 检验或 Sargan 检验统计量对应的 P 值不可达到 1;其次是工具变量的个数不应超过观测值的个数;最后应该改变工具变量滞后区间的选取,以验证检验结果的稳健性。

产业集聚与企业异质互动作用下资本自由流动模型的构建

Melitz(2003)通过引入企业异质性促使了新新贸易理论的产生,在此之后,将企业异质性引入新经济地理也逐渐成为研究热点,进而产生了新新经济地理(Baldwin,Okubo,2006;Ottaviano,2011)。上述企业异质性都是指企业生产效率的异质性。Baldwin和Okubo(2006)首先将异质性企业的设定引入新经济地理模型中,探讨了企业生产效率异质对于企业区位选择的影响,并指出这种异质性的存在对于企业定位具有选择效应和分类效应。Baldwin和Okubo(2006)构建的模型基于DS框架,而Okubo等(2010)构建了一个基于OTT线性框架且存在企业异质性的新新经济地理模型。与前者得到的结论有所区别的是,Okubo等(2010)发现当贸易成本进一步下降,使得市场的分割不再能够为低效率企业提供足够的保护以逃避外部竞争时,低效率企业也将选择定位于具有更大市场规模的国家,从而导致国际生产率之间的差距随市场一体化的深化而呈先升后降的趋势。

除了企业异质性,还可以在新经济地理中引入基于消费者对不同产品品质偏好差异的产品品质异质性或需求异质性(Foster et al,2008;Baldwin,Harrigan,2011;Picard,Okubo,2012)。这是由于产品品质与当地消费者的消费习惯等本地特征相联系,进而表现为需求异质。但是从本质而言,需求异质体现的是企业生产产品品质的异质,也可以视为企业异质的范畴。无论是从产品生产效率层面的异质出发,还是从产品需求或产品品质层面的异质出发,两者可以得到相似的结论。

异质性的引入使新新贸易理论或新新经济地理可以更好地解释经济现象,现有文献也开始逐渐深入研究企业异质性的来源。Venables(2011)在这个方面从人力资本异质的角度也做出了尝试,他认为基于城市生活成本的自我选择机制可以使人力资本水平较高的劳动力选择大城市,由此劳动力间匹配效率的提高会使不同城市间生产率产生分化。但是中国劳动力流动的事实说明,即使是人力资本水平较低的劳动力,也会大量流向大城市寻找工作,而且这种类型的劳动力流动并没有随着大城市生活成本的增加而有显著变弱的趋势。为此,本章将另外从技术外部性的角度来解释企业异质性的形成,考虑到技能劳动力集聚会带来知识和技术的溢出,因此本章将技能劳动力的集聚程度与企业生产率的分布相联系,即技能劳动力的集聚程度越高,低成本企业出现的概率就越大。可见,此时技能劳动力的集聚会产生新的集聚力。

梁琦和钱学锋(2007)对外部性与集聚做出了全面的综述和评论,在系统梳理空间经济学文献之后发现,在集聚力的来源方面,大量文献关注的仅仅是由消费者与产业之间的关联效应等而产生的金融外部性,而忽略了像知识外部性及信息溢出这类关联导致的技术外部性,对于集聚与技术和知识外溢之间的内生性关系至今尚未得到充分解决。一方面,无论在理论基础还是在经验研究上,金融外部性与集聚之间的内生互动关系已经非常清晰和成熟,而且这类研究还在不断拓展;但另一方面,知识和技术外部性与集聚之间的内生互动关系，无论在微观机制还是在经验检验上，都与其传统的逻辑重要性很不相称。现有文献的这种不平衡性研究使得新经济地理的视角过于狭窄，同传统的贸易理论一样，忽略了太多的现实因素。

可见，虽然技术外部性对集聚十分重要，但是技术外部性和集聚的理论关联还尚未深入研究，现有文献还鲜有将技术外部性放入新经济地理的分析框架之中。然而，企业异质模型的出现恰好为将技术外部性纳入新经济地理的分析框架之中创造了条件，意味着可以从企业集聚带来知识和技术溢出的角度来阐释企业异质性。具体而言，本章通过假定由技术溢出引起的低成本企业出现的概率与技能劳动力集聚程度正相关，即将技术外部性作为企业异质的来源放入现有新新经济地理模型之中，进而尝试构建可以阐释外部性与集聚之间内生互动机制的模型框架。如果考虑了技能劳动力集聚带来的技术溢出效应，那么相对应就有必要将技能劳动力集聚产生的城市拥挤成本也考虑进来(Ottaviano, Thisse, 2002)，如此才能构成一个完整的分析框架。后者抓住了任何经济活动集聚都会带来市场拥挤的思想，钟状曲线也会随之出现(Combes et al, 2008)，本章也同样会将城市拥挤成本纳入基于新新经济地理的分析框架之中。而后，本章将主要分析以下问题：考虑技术外部性之后，若技术外部性或技术溢出是外生不变的，地区间的产业分布如何决定？当技术溢出效应与技能劳动力集聚程度相关时，由于技能劳动力是可流动的，这也意味着技术外部性是内生的或企业异质性内生可变，此时地区间的产业分布又是如何决定的？与技术溢出外生不变时有何差别？若将城市拥挤成本引入模型，钟状曲线还会必然出现吗？

构建模型时选用何种建模框架是新经济地理研究中需要考虑

的重要内容,新经济地理的两个基本建模框架分别是 DS 框架(Dixit,Stiglitz,1977;Krugman,1991)和 OTT 线性框架(Ottaviano et al,2002)。由于 OTT 线性框架可以处理 DS 框架无法解释的贸易成本降低和集聚形成过程中产生的竞争转移效应,可以得到完整的解析解,还可以方便地将农产品贸易成本、异质性移民、城市拥挤成本等实际问题纳入分析框架之中,进而可以分析经济一体化与区域差异之间的钟状关系(Combes et al,2008)。因此,采用 OTT 线性框架构建模型可能是未来主要的建模方法。而建模时企业异质性引入模型的方式主要有两种:一种是 Melitz 和 Ottiviano(2008)基于企业生产率连续分布的建模方法;另外一种是 Okubo 等(2010)的建模方法,即将企业异质分布简化为高成本企业和低成本企业,如此建模也可以得到与 Baldwin 和 Okubo(2006)、Melitz 和 Ottiviano(2008)以及 Picard 和 Okubo(2012)相似的主要结论。考虑到 Melitz 和 Ottiviano(2008)基于企业生产率连续分布的建模方法不易扩展,本章的分析将参考 Okubo 等(2010)的建模方法,即将企业异质分布简化为高成本企业和低成本企业。

虽然本章的分析参考 Okubo 等(2010)的建模方法,将企业异质分布简化为高成本企业和低成本企业,但是与 Okubo 等(2010)的设定相比,本章假定有如下优势:

(1)本章不会出现 Okubo 等(2010)中所有低成本企业或所有高成本企业全部集聚于一个地区的情形。事实上 Okubo 等(2010)的设定意味着至少有一种类型的企业必须完全集聚于一个地区,而这无疑是一个相当强的假定,也与现实经济相差较大。

(2)本章的设定意味着对资本做出流动与否的决策时,应该对比两个地区的期望利率差异,这种随机性的引入也使模型与现实更为契合。

(3)如此设定还可以解释以前模型难以说清的一个经济现实,即为何大城市会存在一些比小城市盈利能力更差的企业。更加重要的是,为什么这些企业不愿意迁往小城市,即使迁往小城市会使其盈利能力提高。

2.1 基本模型框架

本章首先考虑资本自由流动模型,即假定只有资本可以在两个地区间流动,且假定产业集聚产生的技术外部性是给定的。具体的分析框架基于两地区、两部门模型,生产投入包含资本和劳动力,劳动力的总量可以单位化为1,每个劳动力都能提供1单位的劳动和1单位的资本,劳动力同时受雇于农业部门和制造业部门,令地区1劳动力数量为λ,且λ大于$1/2$,地区2劳动力数量为$1-\lambda$。

2.1.1 偏好与需求

市场中包含两类商品,即同质的农产品和差异化的工业品,每个消费者的偏好相同,且每个消费者的偏好可以用包含二次子效用的拟线性效用函数给出:

$$U = \alpha \int_0^N q(i) \mathrm{d}i - \frac{1}{2}(\beta - \gamma) \int_0^N [q(i)]^2 \mathrm{d}i - \frac{1}{2}\gamma \left[\int_0^N q(i) \mathrm{d}i\right]^2 + A \qquad (2-1)$$

其中,α、β、γ都为正的参数,为了满足效用函数为拟凹函数,β应大于γ,这也意味着消费者偏好多样化产品;N为消费者消费的工业品的种类;$q(i)$为消费者消费的第i种工业品的数量;A为消费者消费的农产品的数量。消费者的预算约束为:

$$\int_0^N p(i)q(i)\mathrm{d}i + p_a A = \overline{A} + y \qquad (2-2)$$

其中,$p(i)$ 为消费者消费的第 i 种工业品的价格,若以农产品为计价物,那么 $p_a=1$;$\overline{A}$ 为消费者初始拥有的财富,假设 $\overline{A}$ 足够大,从而保证均衡时消费者消费的农产品数量总为正;y 为消费者的收入。

利用消费者的拟线性效用函数和预算约束,可以求出消费者的需求函数为:

$$q(i) = a - (b+cN)p(i) + cP \qquad (2-3)$$

其中:

$$a = \frac{\alpha}{\beta + (N-1)\gamma},$$

$$b = \frac{1}{\beta + (N-1)\gamma},$$

$$c = \frac{\gamma}{(\beta-\gamma)[\beta + (N-1)\gamma]}$$

并且 P 为工业品的消费价格指数:

$$P = \int_0^N p(i)\mathrm{d}i$$

进一步可以求出消费者的间接效用函数:

$$V = \frac{a^2 N}{2b} - a\int_0^N p(i)\mathrm{d}i + \frac{b+cN}{2}\int_0^N [p(i)]^2 \mathrm{d}i$$

$$- \frac{c}{2}\left[\int_0^N p(i)\mathrm{d}i\right]^2 + y + \overline{A} \qquad (2-4)$$

2.1.2 生产技术

首先假定农产品不存在运输成本,工业品的运输成本为 t 单位的计价单位。其次假设农业部门规模收益不变且完全竞争,故而农产品的价格等于其边际成本,同时假设生产 1 单位的农产品需要 1 单位的劳动力,因而农产品的价格等于劳动力的工资,又由于将农产品作为计价物,故而劳动力的工资为 1,即:

$$w = p_a = 1 \qquad (2-5)$$

假定制造业部门的厂商规模收益递增,每个厂商只生产一种产品,各种工业品具有一定的差异性,厂商数量即为工业品的种类。厂商的固定成本由 f 单位的资本构成,可变成本由 m 单位的劳动力构成。假设存在企业异质性,即将厂商分为两种类型:一种为低成本厂商,对劳动力的边际需求为 0;一种为高成本厂商,对劳动力的边际需求为 m。为了简化,本章假定 $f=1$,即一个企业只使用 1 单位的资本。

令地区 1 资本拥有量为 θ,地区 2 资本拥有量为 $1-\theta$,本章假定任何一个地区,由厂商间技术溢出所引起的低成本厂商出现的概率为 k,k 的取值范围从 0 到 1,此时有:

$$n_1^l = k\theta, \ n_1^h = (1-k)\theta \qquad (2-6)$$

$$n_2^l = k(1-\theta), \ n_2^h = (1-k)(1-\theta) \qquad (2-7)$$

其中,n_1^l 和 n_1^h 分别为地区 1 中低成本厂商和高成本厂商的数量,n_2^l 和 n_2^h 分别为地区 2 中低成本厂商和高成本厂商的数量,总的厂商数量为 1。

2.1.3 短期均衡

若令 p_{ij}^l 为地区 i 低成本企业生产的产品在地区 j 出售的价格,q_{ij}^l 为地区 j 消费者对地区 i 低成本企业生产的产品的需求,r_1^l 为地区 1 低成本企业给予资本的利率水平,那么地区 1 低成本厂商的利润函数为:

$$\pi_1^l = \lambda p_{11}^l q_{11}^l + (1-\lambda)(p_{12}^l - t) q_{12}^l - r_1^l \qquad (2-8)$$

同样有地区 1 高成本厂商的利润函数为：

$$\pi_1^h = \lambda(p_{11}^h - m)q_{11}^h + (1-\lambda)(p_{12}^h - m - t)q_{12}^h - r_1^h \quad (2-9)$$

地区 2 低成本厂商和高成本厂商的利润函数与地区 1 的相似。短期市场均衡时，厂商的利润达到最大化，由于短期市场价格和资本的分布保持不变，结合消费者需求函数以及价格指数的表达式，可以求出两个地区的两类厂商生产的产品在地区 1 的价格分别为：

$$p_{11}^l = \frac{a + cP_1}{2(b+c)}, p_{11}^h = p_{11}^l + \frac{m}{2},$$
$$p_{21}^l = p_{11}^l + \frac{t}{2}, p_{21}^h = p_{11}^l + \frac{m}{2} + \frac{t}{2} \quad (2-10)$$

同样可以求出两个地区的两类厂商生产的产品在地区 2 的价格分别为：

$$p_{22}^l = \frac{a + cP_2}{2(b+c)}, p_{22}^h = p_{22}^l + \frac{m}{2},$$
$$p_{12}^l = p_{22}^l + \frac{t}{2}, p_{12}^h = p_{22}^l + \frac{m}{2} + \frac{t}{2} \quad (2-11)$$

其中，地区 1 和地区 2 的价格指数分别为：

$$P_1 = \frac{a + [(1-\theta)t + (1-k)m](b+c)}{2b+c} \quad (2-12)$$

$$P_2 = \frac{a + [\theta t + (1-k)m](b+c)}{2b+c} \quad (2-13)$$

可见，地区 1 的价格指数要小于地区 2 的价格指数。只有当所有的低成本企业集聚在地区 1，此时地区 2 高成本企业生产的产品在地区 1 出售仍然有利可图时，即当 p_{21}^h 最小时，高成本企业仍然可以获利，贸易才是可行的，这也意味着 $\theta = 1$ 且 $k = 1$，故贸易可行条件应为：

$$t + m < \frac{2a}{2b+c} \quad (2-14)$$

2.2 产业的空间均衡分布

市场自由进入的假设使厂商的均衡利润为 0,进而可以求出资本的利率,此时地区 1 低成本企业和高成本企业的利率分别为:

$$r_1^l = (b+c)\left[\lambda\,(p_{11}^l)^2 + (1-\lambda)\left(p_{22}^l - \frac{t}{2}\right)^2\right] \quad (2-15)$$

$$r_1^h = (b+c)\left[\lambda\left(p_{11}^l - \frac{m}{2}\right)^2 + (1-\lambda)\left(p_{22}^l - \frac{m+t}{2}\right)^2\right]$$
$$(2-16)$$

由于低成本企业出现的概率为 k,因此资本获得较高利率的概率也为 k,由此地区 1 和地区 2 资本的期望利率分别为:

$$E(r_1) = kr_1^l + (1-k)r_1^h \quad (2-17)$$

$$E(r_2) = kr_2^l + (1-k)r_2^h \quad (2-18)$$

故而有地区 1 与地区 2 之间资本期望利率的差为:

$$\Delta E(r) = k\Delta r^l + (1-k)\Delta r^h \quad (2-19)$$

与 Okubo 等(2010)不同的是,本章从技术外部性或技术溢出的角度来解释企业异质性的形成。如此设定的好处在于,不用人为将低成本企业与高成本企业分割开来,而是认为这两种类型企业之间可以存在一个动态的转换过程,即低成本企业可能遇到不利冲击而转变为高成本企业,同样高成本企业也可能从技术溢出中获益而升级为低成本企业,只不过低成本企业出现的概率是给定的。如此每种类型企业中资本对比的不再是另一个地区与其同类型企业中资本的利率,而对比的是期望利率。期望利率 Δr^l 和 Δr^h 的表达式分别为:

$$\Delta r^l = \frac{t}{2}\left\{(2\lambda-1)\left[a-(b+c)\frac{t}{2}\right]+c[\lambda P_1-(1-\lambda)P_2]\right\}$$
$$(2-20)$$

$$\Delta r^h = \frac{t}{2}\left\{(2\lambda-1)\left[a-(b+c)\left(m+\frac{t}{2}\right)\right]\right.$$
$$\left.+c[\lambda P_1-(1-\lambda)P_2]\right\} \tag{2-21}$$

其中:

$$\lambda P_1-(1-\lambda)P_2 = \frac{(2\lambda-1)a+(\lambda-\theta)t(b+c)+(2\lambda-1)m(1-k)(b+c)}{2b+c}$$

由于 Δr^l 要大于 Δr^h,这意味着当两个地区间资本期望利率差为 0 时,Δr^l 大于 0,而 Δr^h 小于 0,即长期均衡时,地区 1 低成本企业付给资本的利率更高,而地区 2 高成本企业付给资本的利率更高。可见,之所以大城市中的一些企业不愿意迁往小城市,即使迁往小城市会使其盈利能力提高,原因在于其留在大城市会有一定概率转变为拥有较高利润的低成本企业。这种内在的逻辑不但可以解释企业的行为,类似也可以解释为何很多人力资本水平很高,但是所得收入很低的劳动力宁愿留在大城市,也不愿意回到小城市。

进一步计算可以得知:

$$\Delta E(r) = \frac{b+c}{2b+c}t\left\{\left(\lambda-\frac{1}{2}\right)[2[a-bm(1-k)]-bt]\right.$$
$$\left.-\frac{c}{2}t\left(\theta-\frac{1}{2}\right)\right\} \tag{2-22}$$

2.2.1 长期均衡分析

若令:

$$J = \left(\lambda-\frac{1}{2}\right)\{2[a-bm(1-k)]-bt\}-\frac{c}{2}t\left(\theta-\frac{1}{2}\right)$$
$$\tag{2-23}$$

可见长期均衡也就意味着 $J=0$，可以将 J 视为一个关于 $\lambda-\dfrac{1}{2}$ 的函数，而且可以证明 J 的斜率为正数，即：

$$2[a-bm(1-k)]-bt>0 \qquad (2-24)$$

要证明上式成立，只需要证明 $k=0$ 时其成立，即只需要证明下式成立：

$$2(a-bm)-bt>0 \qquad (2-25)$$

等价于需要证明：

$$(m+t)b+mb<2a \qquad (2-26)$$

由贸易可行条件可知：

$$m+t<\frac{2a}{2b+c},\ m<\frac{2a}{2b+c} \qquad (2-27)$$

公式 (2-26)(2-27) 结合就可以推出 J 的斜率为正数。而当 λ 给定时，θ 越大，J 就越小，即 J 会随着 θ 的增加而向下平移，同时注意到 $\lambda=1/2$ 时，$\theta=1/2$，并且令 $\theta=1$ 时，满足 $J=0$ 的 $\lambda=\lambda^*$，此时就可以对 λ 分以下三种情况讨论。

(1) 当 $\lambda=1/2$ 时，此时 $\theta=1/2$，$J=0$，如果 $\theta>1/2$，那么 J 或 $\Delta E(r)<0$，而当 $\theta<1/2$，那么 J 或 $\Delta E(r)>0$。可见 $\lambda=1/2$ 时，$\theta=1/2$ 是一个稳定均衡。

(2) 当 $1/2<\lambda<\lambda^*$ 时，令 $J=0$ 时的解为 $\theta^*(\lambda)$，由于当 $\theta>\theta^*(\lambda)$ 时，$J<0$，资本会从地区 1 流出，θ 会一直减小到 $J=0$；而当 $\theta<\theta^*(\lambda)$ 时，$J>0$，资本会从地区 2 流入地区 1，θ 会一直增加到 $J=0$。可见，此时 $\theta=\theta^*(\lambda)$ 为稳定均衡。

(3) 当 $\lambda^*<\lambda\leqslant 1$ 时，由于对于 θ 所有的取值而言 $J>0$，因此 $\theta=1$ 为稳定均衡。如此，可以得到如下命题。

命题 1 在满足贸易可行的条件之下：①当 $\lambda=1/2$ 时，$\theta=1/2$ 是稳定均衡；②当 $1/2<\lambda<\lambda^*$ 时，$\theta=\theta^*(\lambda)$ 为稳定均衡，其中

$\theta^*(\lambda)$ 满足 $J[\theta^*(\lambda)]=0$;③当 $\lambda^*<\lambda\leqslant 1$ 时,$\theta=1$ 为稳定均衡。

命题 1 是从市场规模的角度分析了资本和产业布局的长期均衡,接下来有必要从贸易成本的角度分析资本和产业布局的长期均衡,此时 J 可以变为一个关于 t 的线性函数:

$$J = \left(\lambda - \frac{1}{2}\right)\{2[a - bm(1-k)]\}$$
$$- t\left[b\left(\lambda - \frac{1}{2}\right) + \frac{c}{2}\left(\theta - \frac{1}{2}\right)\right] \quad (2-28)$$

由于 $\lambda>1/2$ 时,即均衡时 $\theta>1/2$,故而 t 的斜率为负数,随着 θ 的增加,t 的斜率也会不断下降,但是它与纵轴或 $t=0$ 的交点不会变,而且容易证明这个交点始终为正数。假设 $\lambda>1/2$,令 t' 为满足贸易可行条件的最大 t 值,并且令 $\theta=1$ 时,满足 $J=0$ 的 $t=t^*$,此时应该分以下两种情况讨论。

(1)当 $t^*<t<t'$ 时,令 $J=0$ 的解为 $\theta^*(t)$,由于当 $\theta>\theta^*(t)$ 时,$J<0$,资本会从地区 1 流出,θ 会一直减小到 $J=0$;而当 $\theta<\theta^*(t)$ 时,$J>0$,资本会从地区 2 流入地区 1,θ 会一直增加到 $J=0$,可见,此时 $\theta=\theta^*(t)$ 为稳定均衡。

(2)当 $0<t<t^*$ 时,由于对于 θ 所有的取值而言 $J>0$,因此 $\theta=1$ 为稳定均衡。如此,可以得到如下命题。

命题 2 在满足贸易可行的条件之下:①当 $0<t<t^*$ 时,$\theta=1$ 为稳定均衡;②当 $t^*<t<t'$ 时,$\theta=\theta^*(t)$ 为稳定均衡,其中 $\theta^*(t)$ 满足 $J[\theta^*(t)]=0$。

由命题 1 可知,若地区 1 的市场规模足够大,那么资本有可能完全集聚到地区 1,而这也暗示了本地市场效应的存在。命题 2 意味着,如果一体化程度足够高,那么资本同样有可能完全集聚到地区 1,这也意味着一体化的深化可能带来区域差异的扩大。

2.2.2 本地市场效应

首先需要判断的是此时本地市场效应是否依然存在,即需要判断下式是否成立:

$$\frac{\theta^* - \frac{1}{2}}{\lambda - \frac{1}{2}} = \frac{2[a - bm(1-k)] - bt}{ct/2} > 1 \qquad (2-29)$$

其中,θ^* 为长期均衡时地区 1 的资本份额,由于上式是一个关于 k 的增函数,故而只需要证明 $k=0$ 时上式成立即可,即只需要证明不存在企业异质性时本地市场效应存在,此时等价于需要证明:

$$(t+m)(2b+c) + m(2b-c) < 4a \qquad (2-30)$$

同样由贸易可行条件可知,等价于证明下式成立:

$$(t+m)(2b+c) + m(2b-c) < (2b+c)\frac{2a}{2b+c}$$
$$+ (2b-c)\frac{2a}{2b+c} < 4a$$
$$(2-31)$$

进一步又等价于证明下式成立:

$$\frac{2b-c}{2b+c} < 1 \qquad (2-32)$$

而上式显然成立,故而可知本地市场效应存在,由于 $k>0$ 时,本地市场效应依然存在,故而也就得到以下命题。

命题 3 在满足贸易可行的条件之下,本地市场效应依然存在。

可见,若将技术溢出导致的外部性引入经济地理模型之中,本地市场效应依然成立。这说明本地市场效应的存在是一个较强的结论,根本原因仍然在于市场规模越大的地区,企业的产量越大,进而企业的平均成本得以下降,故而规模收益递增进一步提高了规模较大地区企业的盈利能力,而较高的盈利能力又会吸引新的厂商进入市场规模更大的地区,直到竞争的加剧或市场拥挤效应的增加阻碍了厂商进一步集聚。同时也可以得知,地区 1 是制造业产品的净出口区和农产品的净进口区,地区 2 是制造业产品的净进口区和农产品的净出口区,即地区 1 和地区 2 实现了某种不完全的专业化,而这也正是市场接近效应和市场拥挤效应共同作用的结果。

继续考虑一体化对本地市场效应的影响,由于:

$$\mathrm{d}\left(\frac{\theta^* - \frac{1}{2}}{\lambda - \frac{1}{2}}\right)\bigg/\mathrm{d}t = \frac{-4[a - bm(1-k)]}{ct^2} < 0 \qquad (2-33)$$

同样可以得到 a 和 m 对本地市场效应的影响,其中,a 表示消费者对制造品需求的大小,m 表示高成本企业的边际成本大小:

$$\mathrm{d}\left(\frac{\theta^* - \frac{1}{2}}{\lambda - \frac{1}{2}}\right)\bigg/\mathrm{d}a = \frac{4}{ct} > 0 \qquad (2-34)$$

$$\mathrm{d}\left(\frac{\theta^* - \frac{1}{2}}{\lambda - \frac{1}{2}}\right)\bigg/\mathrm{d}m = -\frac{4b(1-k)}{ct} < 0 \qquad (2-35)$$

可见,随着贸易成本的下降,本地市场效应会得以强化,即随着一体化的深化,地区 1 的集聚力在增强而分散力在减弱。这是因为经济一体化的深化使地区 1 对地区 2 的出口更为容易,从而使地区 1 的企业可以更好地利用规模效应,而地区 2 由地理上的隔离所带来的优势也因此得以弱化。消费者对制造品的需求越大,同样会使地区 1 的企业可以更好地利用规模效应,进而本地市场效应会变得更为显著。而 m 的下降之所以会使本地市场效应增加,原因

主要在于 m 的下降虽然会使两个地区的价格指数都下降,但是地区 1 的价格指数下降得更快。

接下来需要考虑的是,技术溢出效应的增强,即 k 的增加会对本地市场效应产生什么影响。由于:

$$d\left(\frac{\theta^* - \frac{1}{2}}{\lambda - \frac{1}{2}}\right) \bigg/ dk = \frac{4bm}{ct} > 0 \qquad (2-36)$$

可见,随着 k 的增加或者是厂商间技术溢出效应的增加,本地市场效应会不断增强,即低成本厂商比例的上升会强化本地市场效应。这是由于 Δr^l 总是要大于 Δr^h,故随着技术溢出效应的增强,或者是随着 k 的增加,在资本对地区间的期望利率进行比较时,Δr^l 逐渐居于主导地位,资本流向地区 1 的规模也不断增大,本地市场效应也不断增强。可见,低成本企业具有更高的盈利能力,同时它对规模效应能更为有效地利用,可以进一步缓解由更强的技术溢出效应带来的地区 1 低成本厂商数量增加所引起的市场拥挤效应的增加或竞争强度的增加,本地市场效应的强度也可以随之增加。

由上述分析可以得到如下命题。

命题 4 在满足贸易可行的条件之下,技术溢出效应越强,市场一体化程度越深,消费者对制造品的需求越大,以及高成本企业的边际成本越小,都会使本地市场效应的强度随之增加。

进一步分析在技术溢出影响本地市场效应的过程中,b、m、c、t 所起到的作用。b 表示消费者对价格的敏感程度,由于:

$$\partial^2 \left(\frac{\theta^* - \frac{1}{2}}{\lambda - \frac{1}{2}}\right) \bigg/ \partial k \partial b = \frac{4m}{ct} > 0 \qquad (2-37)$$

可见,b 越大,或者消费者对价格越敏感,技术溢出对本地市场效应的边际贡献越大。原因在于,消费者对价格越敏感,低成本企业相对高成本企业就越有价格优势,如此资本在决定如何在地区间流动时,低成本企业更加重要,故而技术溢出对本地市场效应的边际贡献也会随之增加。

同样求出技术溢出对本地市场效应边际贡献关于 m 的导数:

$$\partial^2 \left(\frac{\theta^* - \frac{1}{2}}{\lambda - \frac{1}{2}} \right) \bigg/ \partial k \partial m = \frac{4b}{ct} > 0 \qquad (2-38)$$

由上式可知,高成本企业边际成本 m 与消费者对价格敏感程度 b 类似,即 m 越大,技术溢出对本地市场效应的边际贡献同样越大。原因在于 m 的增加提高了低成本企业相对高成本企业所拥有的价格优势。

继续可以得到技术溢出对本地市场效应边际贡献关于 c 的导数:

$$\partial^2 \left(\frac{\theta^* - \frac{1}{2}}{\lambda - \frac{1}{2}} \right) \bigg/ \partial k \partial c = -\frac{4bm}{c^2 t} < 0 \qquad (2-39)$$

其中,c 表示制造品间的差异化程度,c 越小,产品的差异化程度越高,技术溢出对本地市场效应边际贡献越大。这是因为产品差异化程度的提高使厂商可以对消费者收取更高的价格,这就相当于减弱了市场拥挤效应。如此,当技术溢出效应等量提高时,产品差异化程度的提高可以使本地市场效应的强度随之增加。

最后,考虑技术溢出对本地市场效应边际贡献关于运输成本 t 的导数:

$$\partial^2 \left(\frac{\theta^* - \frac{1}{2}}{\lambda - \frac{1}{2}} \right) \bigg/ \partial k \partial t = -\frac{4bm}{ct^2} < 0 \qquad (2-40)$$

即随着一体化的深化,技术溢出对本地市场效应边际贡献也会越大。原因在于运输成本的下降使出口更为容易,从而使规模较大地区的企业可以更好地利用规模效应。可见当技术溢出效应等量提高时,一体化的深化同样可以使本地市场效应的强度随之增加。

综合上述分析,可以得到如下命题。

命题5 在满足贸易可行的条件之下,市场一体化程度越深,消费者对价格越敏感,高成本企业边际成本越大以及产品的差异化程度越高,都会使技术溢出对本地市场效应的边际贡献增加。

2.2.3 消费者福利分析

接下来需要考虑的是,在资本流动和产业重新布局的同时,技术溢出以及其他因素对地区间消费者福利差距有何影响。首先需要求出地区间消费者的效用差异,由两部分组成:一部分是地区间消费者的期望收入差异,由于所有劳动力的工资相等,同时期望利率也相等,故而这部分为0;另一部分是地区间消费者剩余差异。根据消费者的间接效用函数,可以求出地区间消费者的效用差异为:

$$\Delta V = \left(\theta - \frac{1}{2}\right)t\frac{(b+c)^2}{(2b+c)^2}\left\{2[a+bm(1-k)]-bt\right\}$$

(2-41)

其实上式即为地区间的消费者剩余差异。由于 $\theta > 1/2$,而且:

$$2[a+bm(1-k)]-bt > 0 \qquad (2-42)$$

故而$\Delta V > 0$,这说明在市场规模较大的地区,消费者效用或消费者剩余也会越大。原因在于地区1拥有更低的价格指数,从而消费者可以获得更高的消费者剩余,这与DS框架下得到的结论类似。

因为最后均衡的θ由λ决定,故应该将消费者效用差异写成关于λ的表达式:

$$\Delta V = \frac{2}{c} \frac{(b+c)^2}{(2b+c)^2} \left(\lambda - \frac{1}{2}\right) \left\{2[a - bm(1-k)] - bt\right\}$$

$$\left\{2[a + bm(1-k)] - bt\right\}$$

$$= \frac{2}{c} \frac{(b+c)^2}{(2b+c)^2} \left(\lambda - \frac{1}{2}\right) \left[(2a - bt)^2 - 4b^2 m^2 (1-k)^2\right]$$

$$(2-43)$$

运输成本的下降、技术溢出效应的增加以及高成本企业边际成本的下降都可以使两个地区的价格指数下降,进而使两个地区企业利润增加和消费者剩余增加。这意味着两个地区消费者的效用都会增加,接下来分析地区间消费者效用差异会随之如何变化。首先分析一体化的深化对消费者效用差异的影响:

$$\frac{\mathrm{d}\Delta V}{\mathrm{d}t} = -\frac{4}{c} \frac{(b+c)^2 b}{(2b+c)^2} \left(\lambda - \frac{1}{2}\right) (2a - bt) < 0 \quad (2-44)$$

由上式可知,虽然一体化的深化使两个地区的消费者都可以从中获益,但是随着一体化的深化或运输成本 t 的下降,地区间消费者的效用差异会不断扩大。这说明,一体化的深化不但会扩大地区间的产业发展差距,消费者之间的效用差异和福利差距也会随之扩大。

接下来分析高成本企业边际成本的下降对消费者效用差异的影响:

$$\frac{\mathrm{d}\Delta V}{\mathrm{d}m} = -\frac{16}{c} \frac{(b+c)^2 b^2}{(2b+c)^2} \left(\lambda - \frac{1}{2}\right) m (1-k)^2 < 0 \quad (2-45)$$

可见,高成本企业边际成本的下降同样会使地区间消费者的效用差异不断扩大。最后分析技术溢出效应增强对消费者效用差异的影响:

$$\frac{\mathrm{d}\Delta V}{\mathrm{d}k} = \frac{16}{c} \frac{(b+c)^2 b^2}{(2b+c)^2} \left(\lambda - \frac{1}{2}\right) m^2 (1-k) > 0 \quad (2-46)$$

这意味着技术溢出效应的增强也会使地区间的消费者效用差异扩大,进而可以得到如下命题。

命题 6 在满足贸易可行的条件下,技术溢出效应的增强、一体化的深化以及高成本企业边际成本的下降都会使地区间消费者福利水平的差距不断扩大。

传统的新经济地理学认为,基础设施的改善可能带来区域产业差距和消费者福利差距的扩大,如果将高成本企业边际成本的下降视为社会技术水平的提高,那么技术进步同样也会带来地区间消费者福利差距的扩大。除此之外,从本章的分析可以得知,由外部性带来的技术溢出效应的增加,也会扩大地区间消费者福利差距,虽然三者扩大地区消费者福利差距的起因不同,但是最后都是因为市场规模较大地区的价格指数下降得更快,进而导致消费者福利差距的扩大。

进一步若将 $m(1-k)$ 看作企业平均成本或者技术水平,由式(2-29)和式(2-43)可以知道,随着企业平均成本的下降或者整个社会的技术进步,地区间的产业差距和消费者福利差距都会扩大。

接下来需要考虑的是在技术溢出效应增强对消费者效用差异的作用中,产品差异化程度以及高成本企业边际成本的变化对地区间消费者福利差距有何影响,由于:

$$\frac{\partial^2 (\Delta V)}{\partial k \partial c} = -\frac{16b^2(b+c)(2b^2+bc+c^2)}{c^2(2b+c)^3}(\lambda-1/2)m^2(1-k) < 0 \quad (2-47)$$

$$\frac{\partial^2 (\Delta V)}{\partial k \partial m} = \frac{32(b+c)^2 b^2}{c(2b+c)^2}(\lambda-1/2)m(1-k) > 0 \quad (2-48)$$

可见,对于技术溢出效应同等程度的增加,c 的下降和 m 的增加都会使地区间消费者福利差距扩大,由此可以得到以下命题。

命题 7 在满足贸易可行的条件下,产品的差异化程度越高以及高成本企业的边际成本越大,都会放大技术溢出效应增加所带来的地区间消费者福利差距扩大的程度。

2.3 小结

本章主要得到的结论如下:①在满足贸易可行的条件下,本地市场效应依然存在;②技术溢出效应越强,市场一体化程度越深,消费者对制造品的需求越大,以及高成本企业的边际成本越小,都会使本地市场效应的强度随之增加;③市场一体化程度越深、消费者对价格越敏感、高成本企业边际成本越大以及产品的差异化程度越高都会使技术溢出对本地市场效应的边际贡献增加;④技术溢出效应的增强、市场一体化的深化以及高成本企业边际成本的下降都会使地区间消费者福利水平的差距不断扩大;⑤产品的差异化程度越高以及高成本企业的边际成本越大,都会放大技术溢出效应增加所带来的地区间消费者福利差距扩大的程度。

本章的结论说明,技术外部性的增强或技术溢出效应的增加会使市场规模较大的地区吸收更多的资本,促使产业进一步集聚在这个地区。根本原因在于低成本企业可以更为有效地利用规模效应。随着信息技术的发展和知识扩散的加速,可以预料产业集聚内的技术溢出效应会越来越显著,这也意味着发达地区和欠发达地区之间的经济发展差距会随之扩大,即使所有地区的消费者都可以从技术外部性的增强中获益,但是地区间消费者的福利差距仍然会扩大而非缩小。上述分析也意味着,政府实施诸如产业转移等缩小区域发展差距的政策是有必要的。

3 产业集聚与企业异质互动作用下劳动力自由流动模型的构建

本章首先考虑技能劳动力自由流动模型,同时,在上一章,假定产业集聚产生的技术外部性是给定的,但是在本章,将会进一步把产业集聚程度与当地技术外部性大小相关联,即产业集聚产生的技术外部性将会是动态变化的,由此企业生产率异质程度也将是动态变化的。由于选用企业数量来衡量产业的技术外部性可以抓住产业技术外部性在空间意义上的本质来源,即某个企业所处的产业外部环境取决于在该企业所处空间的同一产业企业数量的多少,并与之进行信息知识交流、劳动力市场的匹配与搜寻、共享基础设施、节省中间投入品的运输成本等。如果该区域同一产业的企业数量越多,则产业内集聚效应越强(范剑勇,石灵云,2009)。因此,本章假定由技术外部性引起的低成本企业出现的概率与产业集聚或技能劳动力集聚规模正相关。这对不同类型企业进出市场的情况和技能劳动力的流动方式也有着重要含义,即低成本的企业有可能受到不利冲击而转变成高成本企业,而高成本企业也可能抓住有利机遇转变成低成本企业,唯一不变的是由当地产业规模产生的技术外部性所决定的低成本企业出现的概率。本章将技术外部性作为企业异质的来源放入现有新新经济地理模型之中,从"产业集聚产生技术外部性,技术外部性进一步强化产业集聚"的角度入手,尝试构建可以阐释技术外部性与产业集聚之间内生互动机制的企业异质模型,进而在这个新的理论框架下,重新分析市场一体化和地区生产率差距之间的理论关联。

可见,本章构建了一个用产业集聚产生的技术外部性解释企业异质来源,及企业异质内生可变的新新经济地理分析框架。由于新的模型可以纳入市场一体化对地区生产率差距的主要作用机制,故此时由此得到的关于地区生产率差距如何随市场一体化深化而演变的相关结论也更具合理性。虽然本章的分析参考 Okubo 等(2010)的建模方法,将企业异质分布简化为高成本企业和低成本企业,但是与 Okubo 等(2010)的设定相比,本章理论模型的基本假定有如下特点。

(1)假定企业生产率是动态演化的[①]。本章假定企业的生产率是动态可变的,不过,对于所有在决定生产率投入方面(本章都是同类型且同数量的技能劳动力)无区别的企业而言,虽然短时期内企业的生产率各有差异,但是长期而言,它的生产率水平的期望值或成为低成本企业的概率应该无区别,而非企业获得某个生产率后,就可以一直"继承"下去。因此,对于某个特定的地区而言,横向上,企业是异质的;纵向或时间上,从短期的角度来看,企业是异质的,而从长期的角度来看,位于同一地区的每个企业也是同质的。

对于假定(1)更加详细的描述是,相当于将总时间段(长期)分割为 N 个单位时间(短期),短期内或单位时间内企业生产率不会改变,每过一个单位时间,企业的生产率就可能会因所受冲击的影

[①] 李玉红等(2008)基于中国工业企业数据,对企业生产率演化做出了较为细致的经验研究。

响而随机改变。每个企业作为低成本企业的时间累积所占总时间段的比例,即是这个企业在总时间段内为低成本企业的概率,而所有的企业这个概率都是一样的[①]。本章如此设定还可以使技能劳动力如何在地区间流动的问题大为简化,否则引入技术外部性后企业异质可变的特征将会使模型过于复杂而难以分析,这可能也是技术外部性与产业集聚内生互动模型长久以来都未建立起来的重要原因。

(2)假定企业异质性来源于产业集聚产生的技术外部性。本章假定在短期或每个单位时间内,某个地区所有企业中低成本企业所占比例或形成概率由这个地区产业集聚的程度给定(由下文可知,技能劳动力所占比重为 λ 的地区中,低成本企业的形成概率为 $k\lambda$)[②]。

上述两个假定意味着,在总的时间段内,对于技能劳动力所占比重为 λ 的地区而言,每个企业为低成本企业的时间加总应该为 $k\lambda N$ 个单位时间,每个企业为高成本企业的时间加总应该为 $(1-k\lambda)N$ 个单位时间。若技能劳动力在每个单位时间内可以获得一份工资,那么每个技能劳动力在总时间段内的期望收入为"$k\lambda N\times$低成本企业技能劳动力工资$+(1-k\lambda)N\times$高成本企业技能劳动力工资",其中 N 可以单位化为 1。本章的设定意味着当技能劳动力做出流动与否的决策时,应该对比两个地区的期望效用差异,这种随机性的引入也使模型与现实更为契合。

[①] 前提是各个企业中决定生产率大小的投入要素是同质的(均为同数量且同质的技能劳动力),当然,上述设定可能只是在类似于 Okubo 等(2010)将企业异质的类型简化后才可行,更加复杂的模型下如何处理尚需进一步研究。

[②] 这个假定意味着,虽然每经过一个"短期",每个企业的生产率是随着冲击影响可变的,但是在每个"短期"内,所有企业生产效率的分布,或者说低成本企业出现的概率是由产业集聚规模所决定的技术外部性给定的。

本章首先构建一个基于 OTT 线性框架的基本模型,而后分析技术溢出效应外生给定或企业异质程度不变时的产业分布状况,其目的在于作为一个基准模型供后文对比分析。接着分析技术溢出效应内生可变或企业异质程度内生可变时的产业分布如何随地区一体化的深化而变化。最后将城市拥挤成本纳入分析框架,探讨企业异质程度内生可变时,伴随着区域一体化深化时钟状曲线的出现条件。

3.1 基本模型框架

本章的理论模型基于两地区、两部门模型。其中劳动力分为非技能劳动力和技能劳动力两种。非技能劳动力总量为 L_a,同时受雇于农业部门和制造业部门,而且在两个地区平均分布;技能劳动力总量为 L,且只受雇于制造业部门。令地区 1 技能劳动力所占比重为 λ,地区 2 技能劳动力所占比重为 $1-\lambda$,且 $\lambda > 1/2$,假定只有技能劳动力可以在两个地区间流动[①]。

3.1.1 偏好与需求

市场中包含两类商品,即同质的农产品和差异化的工业品。每个消费者的偏好相同,且每个消费者的偏好可以用包含二次子效用的拟线性效用函数给出:

$$U = \alpha \int_0^N q(i) \mathrm{d}i - \frac{1}{2}(\beta-\gamma) \int_0^N [q(i)]^2 \mathrm{d}i$$
$$- \frac{1}{2}\gamma \left[\int_0^N q(i) \mathrm{d}i \right]^2 + A \qquad (3-1)$$

[①] Okubo 等(2010)假定资本可以自由流动,而技能劳动力不能流动。

其中，α、β、γ 都为正参数，为满足效用函数为拟凹函数，β 应大于 γ，这也意味着消费者偏好多样化产品；N 为消费者消费的工业品的种类；$q(i)$ 为消费者消费的第 i 种工业品的数量；A 为消费者消费的农产品的数量。消费者的预算约束为：

$$\int_0^N p(i)q(i)\mathrm{d}i + p_a A = \overline{A} + y \tag{3-2}$$

其中，$p(i)$ 为消费者消费的第 i 种工业品的价格，若以农产品为计价物，那么 $p_a = 1$；而 $\overline{A}$ 为消费者初始拥有的财富，假设 $\overline{A}$ 足够大，从而保证均衡时消费者消费的农产品数量总为正；y 为消费者的收入。

利用消费者的效用函数和预算约束，可以求出消费者的需求函数为：

$$q(i) = a - (b + cN)p(i) + cP \tag{3-3}$$

其中：

$$a = \frac{\alpha}{\beta + (N-1)\gamma},$$

$$b = \frac{1}{\beta + (N-1)\gamma},$$

$$c = \frac{\gamma}{(\beta - \gamma)[\beta + (N-1)\gamma]}$$

并且 P 为工业品的消费价格指数：

$$P = \int_0^N p(i)\mathrm{d}i$$

进一步可以求出消费者的间接效用函数：

$$V = \frac{a^2 N}{2b} - a\int_0^N p(i)\mathrm{d}i + \frac{b+cN}{2}\int_0^N [p(i)]^2 \mathrm{d}i$$

$$- \frac{c}{2}\left[\int_0^N p(i)\mathrm{d}i\right]^2 + y + \overline{A} \tag{3-4}$$

3.1.2 生产技术

首先假定农产品不存在运输成本,工业品的运输成本为 t 单位的计价单位。其次假设农业部门规模收益不变且完全竞争,故农产品的价格等于其边际成本,同时假设生产 1 单位的农产品需要 1 单位的劳动力,则农产品的价格等于劳动力的工资,又由于将农产品作为计价物,故劳动力的工资为 1,即:

$$w = p_a = 1 \qquad (3-5)$$

制造业部门的厂商规模收益递增,每个厂商只生产一种产品,各种工业品具有一定的差异性,厂商数量即为工业品的种类。厂商的固定成本由 f 单位的技能劳动力构成,可变成本由 m 单位的非技能劳动力构成。

本节假设存在企业异质性,即将厂商分为两种类型:一种为低成本厂商,对非技能劳动力的边际需求为 0;另一种为高成本厂商,对非技能劳动力的边际需求为 m。为了简化,本节假定 $f=1$,即一个企业只雇佣一个技能劳动力。

若用 k 表示产业集聚产生的技术外部性,那么地区 i 低成本企业出现的概率 Pr_i^l 和高成本企业出现的概率 Pr_i^h 可以分别表示为:

$$Pr_1^l = k\lambda, Pr_1^h = 1 - k\lambda \qquad (3-6)$$

$$Pr_2^l = k(1-\lambda), Pr_2^h = 1 - k(1-\lambda) \qquad (3-7)$$

可见,拥有更高产业集聚程度的地区,技术外部性越大,低成本企业越多,进而这个地区的价格指数会越低,其他地区技能劳动力会向这个地区流动,使这个地区产业集聚程度、技术外部性以及低成本企业数量也会随之增加,如此又会带来更多的技能劳动力迁往这个地区。因此,此时技术外部性和企业异质性不再是外生给定的,而是内生可变的。与 Okubo 等(2010)相比,将产业集聚与技术外部性相联系,意味着强化了集聚力,如此即使两个地区同时存在高成本企业,随着贸易成本的下降,地区生产率差距就有可能一直扩大而不再是先升后降,这在后文也得到了证明。

此时两个地区、两类企业的数量分别为:

$$n_1^l = k\lambda^2 L, n_1^h = (1-k\lambda)\lambda L \quad (3-8)$$

$$n_2^l = k(1-\lambda)^2 L, n_2^h = [1-k(1-\lambda)](1-\lambda)L \quad (3-9)$$

其中,n_1^l 和 n_1^h 分别为地区 1 中低成本厂商和高成本厂商的数量;n_2^l 和 n_2^h 分别为地区 2 中低成本厂商和高成本厂商的数量;总的厂商数量为 L。

3.1.3 市场均衡

若令 p_{ij}^l 为地区 i 低成本企业生产的产品在地区 j 出售的价格,q_{ij}^l 为地区 j 消费者对地区 i 低成本企业生产的产品的需求,w_1^l 为地区 1 受雇于低成本企业技能劳动力的工资水平,那么地区 1 低成本厂商的利润函数为:

$$\pi_1^l = \left(\lambda L + \frac{L_a}{2}\right) p_{11}^l q_{11}^l + \left[(1-\lambda)L + \frac{L_a}{2}\right](p_{12}^l - t)q_{12}^l - w_1^l \quad (3-10)$$

同样,地区 1 高成本厂商的利润函数为:

$$\pi_1^h = \left(\lambda L + \frac{L_a}{2}\right)(p_{11}^h - m)q_{11}^h + \left[(1-\lambda)L + \frac{L_a}{2}\right](p_{12}^h - m - t)q_{12}^h - w_1^h \quad (3-11)$$

地区 2 低成本厂商和高成本厂商的利润函数与之相似,短期市场均衡时,厂商的利润达到最大化,由于短期市场价格和技能劳动力的分布保持不变,结合消费者需求函数以及价格指数的表达式,可以求出两个地区的两类厂商生产的产品在地区 1 的价格分别为:

$$p_{11}^l = \frac{a+cP_1}{2(b+cL)}, p_{11}^h = p_{11}^l + \frac{m}{2},$$

$$p_{21}^l = p_{11}^l + \frac{t}{2}, p_{21}^h = p_{11}^l + \frac{m}{2} + \frac{t}{2} \qquad (3-12)$$

同样可以求出两个地区的两类厂商生产的产品在地区 2 的价格分别为：

$$p_{22}^l = \frac{a+cP_2}{2(b+cL)}, p_{22}^h = p_{22}^l + \frac{m}{2},$$

$$p_{12}^l = p_{22}^l + \frac{t}{2}, p_{12}^h = p_{22}^l + \frac{m}{2} + \frac{t}{2} \qquad (3-13)$$

其中地区 1 和地区 2 的价格指数分别为：

$$P_1 = \frac{aL + [(1-\lambda)Lt + (1-k+2k\lambda - 2k\lambda^2)Lm](b+cL)}{2b+cL}$$

$$P_2 = \frac{aL + [\lambda Lt + (1-k+2k\lambda - 2k\lambda^2)Lm](b+cL)}{2b+cL}$$

只有当所有的低成本企业集聚在地区 1，此时地区 2 高成本企业生产的产品在地区 1 出售仍然有利可图时，即当 p_{21}^h 最小时高成本企业仍然可以获利，贸易才是可行的，这也意味着 $\lambda=1$ 且 $k=1$，故而贸易可行条件应为：

$$t + m < \frac{2a}{2b+cL} \qquad (3-14)$$

3.2 企业异质外生时的产业分布

令企业异质程度不变时，两个地区消费者间接效用函数的差异为 $\Delta \bar{V}$，其可以分为两个部分，一部分是消费者剩余差异 $\Delta \bar{u}$，另一部分是收入差异。市场自由进入的假设使厂商的均衡利润为 0，进而可以求出技能劳动力的工资。由于低成本企业出现的概率为 k，

因此技能劳动力获得较高工资的概率也为 k,由此地区 1 和地区 2 技能劳动力的期望收入分别为:

$$E(w_1) = kw_1^l + (1-k)w_1^h \quad (3-15)$$

$$E(w_2) = kw_2^l + (1-k)w_2^h \quad (3-16)$$

可见,与 Okubo 等(2010)不同的是,本节从技术外部性或技术溢出的角度来解释企业异质性的形成。如此设定的好处在于,不用人为地将低成本企业与高成本企业分割开来,而是认为这两种类型企业之间可以存在一个动态的转换过程,低成本企业可能遇到不利冲击而转变为高成本企业,同样高成本企业也可能从技术溢出中获益而升级为低成本企业,只不过低成本企业出现的概率是给定的或可变的。如此,每种类型企业中资本对比的不再是另一个地区与其同类型企业中资本的利率,而对比的是期望利率,进而有:

$$\Delta \bar{V} = \Delta \bar{u} + E(w_1) - E(w_2)$$
$$= \Delta \bar{u} + k\Delta w^l + (1-k)\Delta w^h \quad (3-17)$$

可以求出:

$$\Delta \bar{u} = \left(\lambda - \frac{1}{2}\right)t\left[\bar{R}L - \frac{tLb(b+cL)^2}{(2b+cL)^2}\right] \quad (3-18)$$

其中:

$$\bar{R} = \frac{(b+cL)m(k-1)}{2} + \frac{a}{2} + \frac{caL}{2(2b+cL)}$$
$$+ \frac{cL(b+cL)[2a+mLc(1-k)]}{2(2b+cL)^2}$$

同时可以求出(证明省略):

$$\Delta w^h = (b+cL)L\left(\lambda - \frac{1}{2}\right)t\left\{\left[\frac{cmL(1-k)}{2b+cL} + \frac{2a}{2b+cL} - m\right]\right.$$
$$\left. - \left[\frac{t}{2} + \frac{L_a ct}{2(2b+cL)}\right]\right\} \quad (3-19)$$

$$\Delta w^i = (b+cL)L\left(\lambda - \frac{1}{2}\right)t\left\{\left[\frac{cmL(1-k)}{2b+cL} + \frac{2a}{2b+cL}\right]\right.$$

$$\left. - \left[\frac{t}{2} + \frac{L_a ct}{2(2b+cL)}\right]\right\} \qquad (3-20)$$

计算可得：

$$\Delta \bar{V} = \left(\lambda - \frac{1}{2}\right)Kt(\bar{t} - t) \qquad (3-21)$$

其中：

$$\bar{t} = Z/K$$

$$Z = \frac{2L(b+cL)(3b+2cL)[a - bm(1-k)]}{(2b+cL)^2}$$

$$K = \frac{[2b(3b+3cL+cL_a) + c^2L(L+L_a)]L(b+cL)}{2(2b+cL)^2}$$

由此容易得到如下命题。

命题 1 企业异质程度不变时，在满足贸易可行条件之下，① 当 $t > \bar{t}$ 时，$\lambda = 1/2$ 为稳定均衡，即对称结构为稳定均衡；② 当 $t < \bar{t}$ 时，$\lambda = 1$ 为稳定均衡，即"核心-边缘"结构为稳定均衡；③ 当 $t = \bar{t}$ 时，任意一种分布均为稳定均衡。

由命题 1 得到的结论与 DS 框架下得到的结论类似，也与 OTT 线性框架下不存在企业异质性时得到的结论类似，但是与不存在技术外部性或企业异质性的情形相比，即与 $k=0$ 时的情形相比，企业异质性的引入增加了"核心-边缘"结构出现时的临界运输成本值，即企业异质性增加了集聚力而弱化了分散力，原因在于虽然技术溢出或企业异质的引入降低了两个地区的价格指数，但是市场规模较大地区的价格指数下降得更多。

进一步可以得到：

$$\frac{\partial \Delta \bar{V}}{\partial k} = \left(\lambda - \frac{1}{2}\right)t\frac{2bL(b+cL)(3b+2cL)m}{(2b+cL)^2} \qquad (3-22)$$

$$\frac{\partial \Delta \bar{V}}{\partial m} = -\left(\lambda - \frac{1}{2}\right)t\frac{2bL(b+cL)(3b+2cL)(1-k)}{(2b+cL)^2}$$

(3-23)

由于 $\frac{\partial \Delta \bar{V}}{\partial k} > 0$，同时只要 $k<1$，$\frac{\partial \Delta \bar{V}}{\partial m} < 0$，则可以得到如下命题。

命题 2 企业异质程度不变时，在满足贸易可行条件之下，k 的增加和 m 的下降都会增加集聚力而弱化分散力。

由于 $\bar{t}$ 随着 k 的增加而增加，这意味着在 k 较大的情况下，即使贸易成本较高，所有产业集聚到核心区的情形仍然会出现，可见技术溢出效应越显著，集聚力会越强。当 $k<1$ 时，由于 $\bar{t}$ 随着 m 的下降而增加，即 m 的下降也会强化集聚力。原因在于 m 的下降虽然会使两个地区的价格指数都下降，但是地区 1 的价格指数下降得更快。

3.3 企业异质内生时的产业分布

3.3.1 地区间消费者效用差异分析

进一步考虑技术溢出内生或企业异质程度内生可变时的情形，本节将技能劳动力的数量或知识的密集程度与低成本企业出现的概率联系起来，假设一个地区的技能劳动力数量越大，这个地区低成本企业出现的概率越高，对于地区 i 而言，其低成本企业出现的概率 Pr_i^l 和高成本企业出现的概率 Pr_i^h 分别为：

$$Pr_1^l = k\lambda, Pr_1^h = 1 - k\lambda \quad (3-24)$$

$$Pr_2^l = k(1-\lambda), Pr_2^h = 1 - k(1-\lambda) \quad (3-25)$$

此时两个地区两类企业的数量分别为：

$$n_1^l = k\lambda^2 L, n_1^h = (1-k\lambda)\lambda L \qquad (3-26)$$

$$n_2^l = k(1-\lambda)^2 L, n_2^h = [1-k(1-\lambda)](1-\lambda)L \qquad (3-27)$$

可见此时地区 1 和地区 2 技能劳动力的期望收入分别为：

$$E(w_1) = k\lambda w_1^l + (1-k\lambda)w_1^h \qquad (3-28)$$

$$E(w_2) = k(1-\lambda)w_2^l + [1-k(1-\lambda)]w_2^h \qquad (3-29)$$

故而有：

$$\Delta V = \Delta u + \Delta w^h + [k\lambda(w_1^l - w_1^h) - k(1-\lambda)(w_2^l - w_2^h)] \qquad (3-30)$$

上式中的 Δu 为消费者剩余差异，此时两个地区的效用差异也可以重新表示为：

$$\Delta V = \Delta u + \Delta w^h + \Delta[Pr^l(w^l - w^h)] \qquad (3-31)$$

高成本企业技能劳动力的工资差异为：

$$\Delta w^h = \left(\lambda - \frac{1}{2}\right)t\left\{F - \frac{(b+cL)L[2b+c(L+L_a)]^2}{2(2b+cL)}t\right\} \qquad (3-32)$$

其中：

$$F = (b+cL)L\left[\frac{cmL(1-k+2k\lambda - 2k\lambda^2)}{2b+cL} + \frac{2a}{2b+cL} - m\right]$$

首先分析 k 的变化对 Δw^h 的影响：

$$\frac{\partial \Delta w^h}{\partial k} = \left(\lambda - \frac{1}{2}\right)t(b+cL)L^2 \frac{cm(2\lambda - 2\lambda^2 - 1)}{2b+cL} < 0 \qquad (3-33)$$

可见随着 k 的增加，两个地区间高成本企业技能劳动力的工资差距会不断缩小。接着分析 m 的变化对 Δw^h 的影响：

$$\frac{\partial \Delta w^h}{\partial m} = \left(\lambda - \frac{1}{2}\right)t(b+cL)L\frac{cLk(2\lambda - 2\lambda^2 - 1) - 2b}{2b+cL} < 0 \qquad (3-34)$$

可见随着 m 的增加,两个地区间高成本企业技能劳动力的工资差距同样也会不断缩小,即随着 k 和 m 的增加,两个地区间高成本企业技能劳动力的工资差距都会不断缩小。原因在于,在面对低成本企业竞争时,k 的增加和 m 的增加都会使高成本企业的竞争力不断降低,从而使地区 1 高成本企业由较大市场规模带来的优势相对于地区 2 不断弱化。

而新的消费者剩余差异为:

$$\Delta u = \left(\lambda - \frac{1}{2}\right)t\left[R - \frac{Lb(b+cL)^2}{(2b+cL)^2}t\right] \quad (3-35)$$

其中:

$$R = L\left\{\frac{(b+cL)m(k-1)}{2} + \frac{a}{2} + \frac{caL}{2(2b+cL)}\right.$$
$$\left. + \frac{cL(b+cL)[2a + mLc(1-k+2k\lambda-2k\lambda^2)]}{2(2b+cL)^2}\right\}$$

首先分析 k 的变化对 Δu 的影响:

$$\frac{\partial \Delta u}{\partial k} = \left(\lambda - \frac{1}{2}\right)tLm\frac{(b+cL)}{2}$$
$$\left[1 + \frac{L^2c^2(2\lambda - 2\lambda^2 - 1)}{(2b+cL)^2}\right] \quad (3-36)$$

由于 $2\lambda - 2\lambda^2 - 1$ 的取值范围在 -1 到 $-1/2$ 之间,故而有:

$$\frac{\partial \Delta u}{\partial k} \geqslant \left(\lambda - \frac{1}{2}\right)tLm\frac{(b+cL)}{2}\left[1 - \frac{L^2c^2}{(2b+cL)^2}\right]$$
$$= \left(\lambda - \frac{1}{2}\right)tLm\frac{2b(b+cL)^2}{(2b+cL)^2} > 0 \quad (3-37)$$

可见随着 k 的增加,地区 1 与地区 2 之间消费者剩余的差异会不断扩大。原因在于 k 的增加提高了低成本企业的数量,进而降低了地区 1 的价格指数。接着考虑 m 的变化对消费者剩余差异的影响:

$$\frac{\partial \Delta u}{\partial m} = \left(\lambda - \frac{1}{2}\right) tL \frac{(b+cL)}{2(2b+cL)^2}$$
$$[(2b+cL)^2 + c^2L^2(2\lambda - 2\lambda^2 - 1)](k - k_u)$$
$$(3-38)$$

其中：

$$k_u = \frac{4b^2 + 4bcL}{(2b+cL)^2 + c^2L^2(2\lambda - 2\lambda^2 - 1)}$$

若令：

$$\lambda = \lambda_u, k_u = k \qquad (3-39)$$

由于 $\lambda > 1/2$，故而当 $\lambda < \lambda_u$ 时，可以得到 $k < k_u$，$\frac{\partial \Delta u}{\partial m} < 0$。此时随着 m 的增加，地区 1 与地区 2 之间消费者剩余的差异会缩小；而当 $\lambda > \lambda_u$ 时，可以得到 $k > k_u$，$\frac{\partial \Delta u}{\partial m} > 0$，此时随着 m 的增加，地区 1 与地区 2 之间消费者剩余的差异会扩大。这说明高成本企业边际成本 m 的增加对消费者剩余差异的影响是不确定的，只有当地区 1 的低成本企业足够多，从而地区间企业生产效率的差异和价格指数的差异足够大时，地区间消费者剩余的差异才会随着 m 的增加而增加。

同样可以得到：

$$\Delta[Pr^l(\pi^l - \pi^h)] = \left(\lambda - \frac{1}{2}\right)\left\{t\frac{mk(b+cL)}{2b+cL}\right.$$
$$[2\lambda(1-\lambda)cL^2 - bL_a] + mk(L + L_a)$$
$$\left.\left[\frac{mcL(b+cL)(1-k)}{2b+cL} + a + \frac{acL}{2b+cL} - \frac{m(b+cL)}{2}\right]\right\}$$
$$(3-40)$$

上式为两个地区技能劳动力期望工资差异与高成本企业技能

劳动力工资差异的差值，其与式(3-32)以及式(3-35)的显著区别在于，高成本企业技能劳动力工资差异以及消费者剩余差异都与运输成本 t 相关，这说明两式中改变产业分布的集聚力和离散力都会随着运输成本的改变而改变。而式(3-40)中有一部分与运输成本 t 并不相关，这也意味着，当企业异质程度内生可变时，有一部分集聚力或分散力是与运输成本不相关的，这部分集聚力或分散力的性质与异质性移民或城市拥挤成本的性质相似。而当技术溢出外生或企业异质外生时，这种情况并未出现。可见，将企业异质性与技能劳动力集聚程度相结合所产生的技术外部性导致了一种新的集聚力的出现。

3.3.2 长期均衡分析

当考虑企业异质程度可变时，模型与实际经济发展更加吻合，即随着一体化的深化，经济不再是直接从对称结构突变为"核心-边缘"结构，而是从对称结构逐渐过渡到"核心-边缘"结构。这是因为命题1中考虑企业异质性的模型与没有考虑企业异质性的模型一样，影响代理人流动性的集聚力或分散力都与运输成本 t 相关，而将技能劳动力流动与企业异质程度相联系之后，由于技能劳动力可以创办低成本企业的概率与 λ 的大小正相关，由此导致部分集聚力与运输成本 t 不相关。更加重要的是，尽管这种集聚力与运输成本 t 不相关，但是它并不是外生加入模型之中，而是由模型内生决定的，正如后文所见，这种建模方式与诸如城市拥挤成本等情形相结合后蕴含着更多的可能性，以其为基础的新新经济地理模型也可以更好地解释经济现实。

接下来分析在一个均衡的状态之下，如果一个随机冲击使技能劳动力的分布偏离了均衡状态的情形，此时可以先求出 ΔV 在均衡分布$\lambda^*(t)$处的导数值：

$$\left.\frac{\partial \Delta V}{\partial \lambda}\right|_{\lambda=\lambda^*(t)} = \frac{-2mk(b+cL)cL\left[\lambda^*(t)-\frac{1}{2}\right]^2}{(2b+cL)^2}$$

$$[L(8b+5cL)t+2mk(L+L_a)(2b+cL)]$$

$$(3-41)$$

虽然在不改变决定均衡分布参数的情况之下，对均衡的冲击不会改变最终的均衡状况。但是由上式可知，若 k、m 以及 $\lambda^*(t)-1/2$ 越大，技能劳动力的分布向初始均衡状态回归的速度也会随之增加。由于可以用一个地区的平均边际成本表示其生产率的大小，平均边际成本越大，生产率就越小。那么，地区 2 与地区 1 之间的平均边际成本差距为：

$$\Delta \overline{m} = 2\left(\lambda-\frac{1}{2}\right)km \qquad (3-42)$$

可见，市场规模较大地区的平均生产率会高于市场规模较小地区的，并且 λ 越大或市场规模的差异越大，地区间的平均生产率差异也会越大。由于地区间的生产率差距正是由 k、m 以及 $\lambda^*(t)-1/2$ 所体现，从而可以得到如下命题。

命题 3 企业异质程度可变时，随着 λ 的增加或市场一体化的深化，地区生产率差距也会扩大；在不改变决定均衡分布参数的情况之下，对技能劳动力均衡分布的冲击不会改变最终的均衡状态，但是若地区间的平均生产率差异越大，技能劳动力的分布重新回到均衡分布的速度也会越快。

命题 3 意味着，在不考虑其他因素的情况下，随着一体化的深化和产业集聚程度的增加，对欠发达地区的补贴或扶持只能短时间内使部分产业转移到欠发达地区，很快这些转移的产业又会重新回到发达地区，由于地区间一体化的进程难以避免，技术溢出和知识溢出效应也会不断增强,因此只有不断降低高成本企业的边际成本,提高欠发达地区企业的生产效率,才可能使政府的产业转移政策获得最大的效果。

接下来分析 k 和 m 对 ΔV 的影响,首先可以得到:

$$\frac{\partial \Delta V}{\partial k} = \left(\lambda - \frac{1}{2}\right)(M_1 + M_2 k) \qquad (3-43)$$

其中:

$$M_1 = t\frac{m(b+cL)}{(2b+cL)^2}[cL^2(8b+5cL)(\lambda - \lambda^2) \\ + (2b^2 L - c^2 L^3 - 2b^2 L_a - bcLL_a)] + m(L+L_a) \\ \left[a + \frac{acL}{2b+cL} - \frac{m(b+cL)}{2} + \frac{mcL(b+cL)}{2b+cL}\right]$$

$$M_2 = \frac{2m^2(L+L_a)cL(b+cL)(-1+2\lambda-2\lambda^2)}{2b+cL}$$

由于 $M_2 < 0$,结合 $0 < k < 1$,当 $\lambda > 1/2$ 时,在满足贸易可行条件之下,若 $M_1 \leqslant 0$,则 $\frac{\partial \Delta V}{\partial k} < 0$ 恒成立;若 $0 < M_1 \leqslant -M_2$,当 $k < -\frac{M_1}{M_2}$ 时,$\frac{\partial \Delta V}{\partial k} > 0$ 成立,而当 $k > -\frac{M_1}{M_2}$ 时,$\frac{\partial \Delta V}{\partial k} < 0$ 成立;若 $M_1 > -M_2$,则 $\frac{\partial \Delta V}{\partial k} > 0$ 恒成立。

同样可以得到:

$$\frac{\partial \Delta V}{\partial m} = \left(\lambda - \frac{1}{2}\right)(N_1 + N_2 m) \qquad (3-44)$$

其中:

$$N_1 = \frac{1}{2(2b+cL)^2}[2k(b+cL)cL^2(8b+5cL)(\lambda - \lambda^2) \\ - 4bL(b+cL)(3b+2cL) + k(b+cL)(4b^2 L - 2c^2 L^3$$

$$-4b^2L_a-2bcLL_a)]t+k(L+L_a)\left(a+\frac{acL}{2b+cL}\right)$$

$$N_2=2k(L+L_a)(b+cL)\left\{\frac{cL[1-k+2k(\lambda-\lambda^2)]}{2b+cL}-\frac{1}{2}\right\}$$

对 $\frac{\partial\Delta V}{\partial m}$ 正负的分析类似于对 $\frac{\partial\Delta V}{\partial k}$ 的分析。在此基础上，进一步考虑在一个初始工业化的国家，即 L 趋近于 0，在满足贸易可行条件之下，此时分别有（证明省略）：

$$\lim_{L\to0}\frac{\partial\Delta V}{\partial k}=\left(\lambda-\frac{1}{2}\right)\frac{mL_ab}{2}\left[\frac{2a}{b}-(m+t)\right]>0 \quad(3-45)$$

$$\lim_{L\to0}\frac{\partial\Delta V}{\partial m}=\left(\lambda-\frac{1}{2}\right)\frac{kL_a}{b}\left[\frac{t}{2}+\frac{a}{b}-(m+t)\right]>0$$

$$(3-46)$$

进而可以得到如下命题。

命题 4 企业异质程度可变时，在满足贸易可行条件之下，在一个初始的工业化国家（即当 L 趋近于 0 时），只要 $\lambda>1/2$，那么 k 和 m 的增加对 ΔV 的边际影响为正，即地区间平均生产率差异的提高会促使技能劳动力向 λ 较大或具有初始优势的地区流动，而且 t 的减小或一体化程度的提高还会加快这两个进程。

3.4 企业异质内生可变、城市拥挤成本与钟状曲线的出现条件

由上文的分析可知，从技术溢出内生的视角入手，通过将技能劳动力集聚与企业异质程度可变相结合，使地区产业分布存在了额外的集聚力，即技能劳动力的集聚除了可以扩大市场规模之外，还可以产生由低成本企业比例上升和平均生产率增加引起的集聚

力,而且这种集聚力部分是与运输成本不相关的。但是劳动力的集聚会使城市拥挤成本增加,这又产生了额外的分散力,故还应该进一步将城市拥挤成本考虑进来,如此技能劳动力集聚产生的正外部性和负外部性才得以完全纳入分析框架,也使得分析更具合理性。在不存在企业异质性,或者企业异质性外生时,由于所有的集聚力和分散力都与运输成本相关,那么只要将城市拥挤成本纳入分析框架,钟状曲线就会出现,即只要运输成本足够低或一体化程度足够高,产业分布就会重新回到对称均衡。这与实际情形相差较远,即使一体化程度很高,大城市对劳动力依然具有较大的吸引力,而在考虑企业异质的内生性之后,由下文的分析可见,钟状曲线的出现不再是必然的。

本节参考 Combes 等(2008)将城市拥挤成本纳入 OTT 线性框架的假设和方法,将土地租金和交通成本考虑进来,若令 θ 为技能劳动力的单位交通成本,那么新的效用差异就相当于在原 ΔV 中减去 $\left(\lambda-\frac{1}{2}\right)\frac{\theta L}{2}$,此时模型可以简化为:

$$\Delta \widetilde{V} = \left(\lambda - \frac{1}{2}\right)\left[Kt\left(t^* - t\right) + \widetilde{G}\right] \qquad (3-47)$$

若令:

$$\widetilde{J} = Kt\left(t^* - t\right) + \widetilde{G} \qquad (3-48)$$

此时 $\widetilde{J}=0$ 若存在解,则两个根 t_h 和 t_l 分别为:

$$t_h = \frac{Kt^* + \sqrt{K^2 t^{*2} + 4K\widetilde{G}}}{2K},$$

$$t_l = \frac{Kt^* - \sqrt{K^2 t^{*2} + 4K\widetilde{G}}}{2K} \qquad (3-49)$$

并令:

$$\widetilde{\Delta} = K^2 t^{*2} + 4K\widetilde{G} \qquad (3-50)$$

此时需要分三种情况讨论,即随着 λ 从 1/2 增加到 1,①$\widetilde{G} \geqslant 0$;②$\widetilde{G}$ 从大于 0 变为小于 0;③$\widetilde{G} \leqslant 0$。

如果 $\widetilde{G}(\lambda=1) \geqslant 0$,可见 $\widetilde{G} \geqslant 0$,令 $\lambda=1/2$、1 时,得到的两个正根从大到小依次为 t_{h1} 和 t_{h2},此时的分析过程与前文中不考虑城市拥挤成本的情形相似。

如果随着 λ 从 1/2 增加到 1,$\widetilde{G}$ 从大于 0 变为小于 0,那么也存在三种情况:①当 $\widetilde{G}=0$ 时,$t^*>0$,而且当 $\lambda=1$ 时,$\widetilde{\Delta}>0$;②当 $\widetilde{G}=0$ 时,$t^*>0$,而且当 $\lambda=1$ 时,$\widetilde{\Delta} \leqslant 0$;③当 $\widetilde{G}=0$ 时,$t^* \leqslant 0$。

在第一种情形中,令 $\widetilde{G}=0$ 时的 λ 值为 λ_0,同时令 $\lambda=1/2$、λ_0、1 时,$\widetilde{J}=0$ 得到的 4 个正根从小到大依次为 t_{l1}、t_{h1}、t_{h2}、t_{h3},另外还有一个负根以及一个根为 0,分析过程与前文相似。

在第二种情形中,令 $\widetilde{G}=0$ 时的 λ 值为 λ_0,$\widetilde{\Delta}=0$ 时的 λ 值为 λ_1,对应的 $t=t^*$,并令 $\lambda=1/2$、λ_0 时,$\widetilde{J}=0$ 得到的 2 个正根从小到大依次为 t_{h1}、t_{h2},同样还有一个负根以及一个根为 0,λ_1 也有可能刚好为 1。

在第三种情形中,只要 $\widetilde{G}>0$,无论 t^* 正负,肯定有一个正根和一个负根,而且随着 λ 的增加,正根是逐渐递减的,令 $\lambda=1/2$ 时得到的正根为 t_h。

如果 $\widetilde{G}(\lambda=1/2) \leqslant 0$,则 $\widetilde{G} \leqslant 0$,此时需要分为三种情况分析:①$t^*>0$ 且能保证 $\widetilde{\Delta}>0$;②当 $\lambda=1/2$ 时,$t^*>0$ 且 $\widetilde{\Delta}>0$,而后当 λ 位于 1/2 和 1 之间的某个值 λ_0 时,$\widetilde{\Delta}=0$,λ_0 也可能刚好等于 1;③除开上述两种情形外的其他情形。

在第一种情形中,$\lambda=1/2$、1 时,$\widetilde{J}=0$ 都存在两个正根,即一共可以得到 4 个正根,令这 4 个正根从小到大依次为 t_{l1}、t_{l2}、t_{h1}、t_{h2},类似于前文可以证明,无论 t^* 正负,随着 λ 从 1/2 增加到 1,t_h 是逐渐递减的,即 $\frac{\partial t_h}{\partial \lambda}<0$,而当 $t^*>0$ 时,由于 $\widetilde{G}<0$,此时容易证明 $\frac{\partial t_l}{\partial \lambda}>0$

成立。

可见 $\lambda=1/2$ 时,得到的两个根分别为 t_{l1} 和 t_{h2};$\lambda=1$ 时,得到的两个根分别为 t_{l2} 和 t_{h1}。容易证明,当 $t\leqslant t_{l1}$ 和 $t\geqslant t_{h2}$ 时,$\lambda=1/2$ 为稳定均衡;当 $t_{l1}<t<t_{l2}$ 以及 $t_{h1}<t<t_{h2}$ 时,$\lambda=\tilde{\lambda}^*(t)$ 为稳定均衡,其中的 $\tilde{\lambda}^*(t)$ 满足 $\tilde{\lambda}^*(t)>1/2$ 且 $\tilde{J}[\tilde{\lambda}^*(t)]=0$;当 $t_{l2}<t<t_{h1}$ 时,$\lambda=1$ 为稳定均衡。

在第二种情形中,当 $\tilde{\Delta}=0$ 时,t^* 肯定还为正数,随后 $\tilde{\Delta}<0$,而 t^* 可能仍然大于 0 或者已经变为负数,$\tilde{\Delta}$ 最后还有可能重新大于 0,但是只要 $\tilde{\Delta}$ 开始小于 0,即使 $\tilde{\Delta}$ 还可能随后大于 0,$\tilde{J}=0$ 都不会存在正根。令 $\lambda=1/2$ 时的两个根从小到大分别为 t_l 和 t_h,$\tilde{\Delta}=0$ 时,即 $\lambda=\lambda_0$ 时的根为 t^*,此时可以得到与第一种情形相似的结果。

在第三种情形中,只要贸易成本为正,则 $\tilde{J}<0$,故而 $\lambda=1/2$ 为稳定均衡。

如此,可以得到以下命题。

命题 5 当企业异质内生可变且存在城市拥挤成本时,在满足贸易可行条件之下,可以得到:

命题 5.1 如果 $\tilde{G}(\lambda=1)\geqslant 0$,则有:当 $t\geqslant t_{h2}$ 时,$\lambda=1/2$ 为稳定均衡;当 $t_{h1}<t<t_{h2}$ 时,$\lambda=\lambda^*(t)$ 为稳定均衡,其中的 $\lambda^*(t)$ 满足 $\lambda^*(t)>1/2$ 且 $\tilde{J}[\lambda^*(t)]=0$;当 $t\leqslant t_{h1}$ 时,$\lambda=1$ 为稳定均衡(图 3-1)。

命题 5.2 如果随着 λ 从 1/2 增加到 1,$\tilde{G}$ 从大于 0 变为小于 0,则有:

(1)若当 $\tilde{G}=0$ 时,$t^*>0$,而且当 $\lambda=1$ 时,$\tilde{\Delta}>0$,那么当 $t\geqslant t_{h3}$ 时,$\lambda=1/2$ 为稳定均衡;当 $0<t<t_{l1}$ 以及 $t_{h1}<t<t_{h3}$ 时,$\lambda=\tilde{\lambda}^*(t)$ 为稳定均衡,其中的 $\tilde{\lambda}^*(t)$ 满足 $\tilde{\lambda}^*(t)>1/2$ 且 $\tilde{J}[\tilde{\lambda}^*(t)]=0$,而且当 $0<t<t_{l1}$ 时,地区间产业规模差异在扩大,当 $t_{h1}<t<t_{h3}$ 时,地区间产业规模差异在缩小;当 $t_{l1}\leqslant t\leqslant t_{h1}$ 时,$\lambda=1$ 为稳定均衡(图 3-2)。

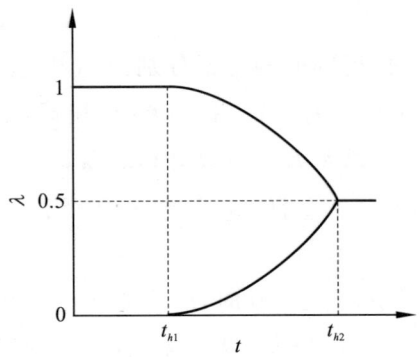

图 3-1　对应命题 5.1

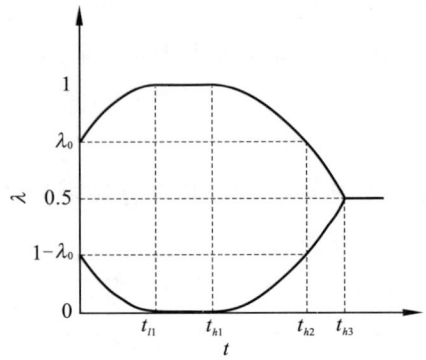

图 3-2　对应命题 5.2 的第(1)种情形

(2)若当 $\tilde{G}=0$ 时，$t^*>0$，而且当 $\lambda=1$ 时，$\tilde{\Delta}\leqslant 0$，那么当 $t\geqslant t_{h2}$ 时，$\lambda=1/2$ 为稳定均衡；当 $0<t<t_{h2}$ 时，$\lambda=\tilde{\lambda}^*(t)$ 为稳定均衡，其中的 $\tilde{\lambda}^*(t)$ 满足 $\tilde{\lambda}^*(t)>1/2$ 且 $\tilde{J}[\tilde{\lambda}^*(t)]=0$，而且当 $0<t<t^{\wedge}$ 时，地区间产业规模差异在扩大，当 $t^{\wedge}<t<t_{h2}$ 时，地区间产业规模差异在缩小(图 3-3)。

(3)若当 $\tilde{G}=0$ 时，$t^*\leqslant 0$，那么当 $t\geqslant t_h$ 时，$\lambda=1/2$ 为稳定均衡；

当 $0<t<t_h$ 时,$\lambda=\tilde{\lambda}^*(t)$ 为稳定均衡,其中的 $\tilde{\lambda}^*(t)$ 满足 $\tilde{\lambda}^*(t)>1/2$ 且 $\tilde{J}[\tilde{\lambda}^*(t)]=0$(图 3-4)。

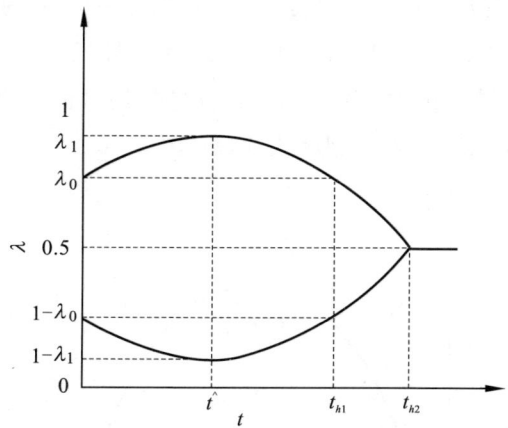

图 3-3 对应命题 5.2 的第(2)种情形

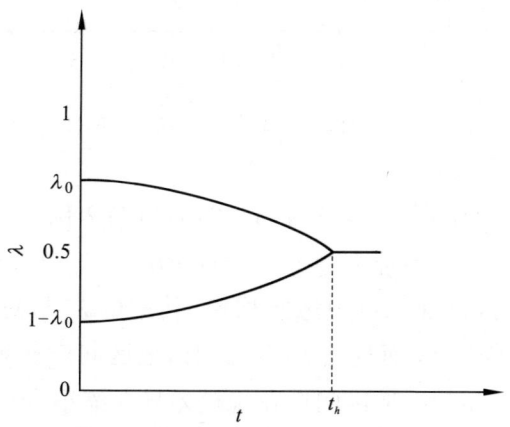

图 3-4 对应命题 5.2 的第(3)种情形

命题 5.3 如果 $\widetilde{G}(\lambda=1/2) \leqslant 0$,则有：

(1)若 $t^* > 0$ 且能保证 $\widetilde{\Delta} > 0$,那么当 $t \leqslant t_{l1}$ 和 $t \geqslant t_{h2}$ 时,$\lambda = 1/2$ 为稳定均衡;当 $t_{l1} < t < t_{l2}$ 以及 $t_{h1} < t < t_{h2}$ 时,$\lambda = \widetilde{\lambda}^*(t)$ 为稳定均衡,其中的 $\widetilde{\lambda}^*(t)$ 满足 $\widetilde{\lambda}^*(t) > 1/2$ 且 $\widetilde{J}[\widetilde{\lambda}^*(t)] = 0$,且当 $t_{l1} < t < t_{l2}$ 时,地区间产业规模差异在扩大,而当 $t_{h1} < t < t_{h2}$ 时,地区间产业规模差异在缩小;当 $t_{l2} \leqslant t \leqslant t_{h1}$ 时,$\lambda = 1$ 为稳定均衡(图 3-5)。

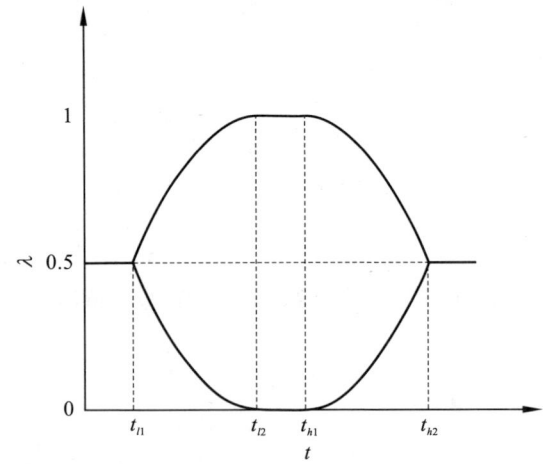

图 3-5 对应命题 5.3 的第(1)种情形

(2)若 $\lambda = 1/2$ 时,$t^* > 0$ 且 $\widetilde{\Delta} > 0$,而后当 λ 位于 1/2 和 1 之间的某个值 λ_0 时,$\widetilde{\Delta} = 0$,那么当 $t \leqslant t_l$ 和 $t \geqslant t_h$ 时,$\lambda = 1/2$ 为稳定均衡;当 $t_l < t < t_h$ 时,$\lambda = \widetilde{\lambda}^*(t)$ 为稳定均衡,其中的 $\widetilde{\lambda}^*(t)$ 满足 $\widetilde{\lambda}^*(t) > 1/2$ 且 $\widetilde{J}[\widetilde{\lambda}^*(t)] = 0$,而且当 $t_l < t < t'$ 时,地区间产业规模差异在扩大,而当 $t' < t < t_h$ 时,地区间产业规模差异在缩小(图 3-6)。

(3)当为上述两种情形之外的其他情形时,只要贸易成本为正,则 $\widetilde{J} < 0$,故而 $\lambda = 1/2$ 为稳定均衡。

命题 5 分析了随着拥挤成本的变化,钟状曲线是否会出现,以

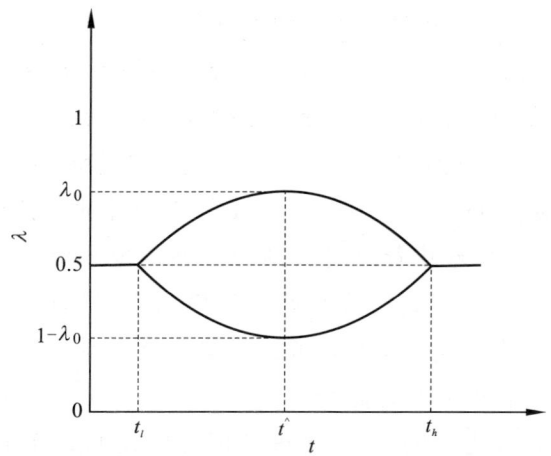

图 3-6 对应命题 5.3 的第(2)种情形

及其出现时的具体形状,命题 5.1、命题 5.2 以及命题 5.3 分别对应着较低的城市拥挤成本、中等的城市拥挤成本以及较高的城市拥挤成本。在命题 5.1 中,较低的城市拥挤成本带来的分散力始终小于企业异质可变带来的集聚力,因此钟状曲线不会出现,随着一体化的深化,技能劳动力会不断地向地区 1 集聚,直到"核心-边缘"结构的出现。而在命题 5.3 中,较高的城市拥挤成本带来的分散力始终大于企业异质可变带来的集聚力,因此存在两种可能,一种是拥挤成本高到产业分布永远都是对称的;另一种是会出现完整的钟状曲线,此时随着一体化的深化,技能劳动力向地区 1 集聚直到"核心-边缘"结构出现,而后又重新回到对称结构,或者是随着一体化的深化,技能劳动力向地区 1 集聚,但最终还是不会完全集聚到地区 1,而后又重新回到对称结构。在命题 5.2 中,中等程度的城市拥挤成本带来的分散力先是小于、而后大于企业异质可变带来的集聚力,此时或者会出现不完整的钟状曲线,或者是类似于命题 5.1 中的情形,但此时技能劳动力不会完全集聚。

对于中国而言,由于大城市的房价居高不下,以雾霾为代表的环境污染问题也日益严重,因此中国大城市的城市拥挤成本可能已经相当高。考虑到中国劳动力和产业正开始由沿海向内地转移,故中国很有可能是处于图 3-5 或图 3-6 中钟状曲线左半边的情形,但是这并不意味着最终劳动力会在内地和沿海之间对称分布。因为随着政府对高房价和严重环境污染问题的重视,城市拥挤成本有可能会下降,如此实际的劳动力及产业分布变化很可能由某种路径"跳跃"到其他路径。

接下来需要考虑的是,在考虑城市拥挤成本的情况下,随着一体化的深化,地区间的平均生产率会如何变化,从命题 5 可知,随着一体化程度的提高,λ 即可能逐渐增加到 1,也可能类似于钟状曲线变化,还可能一直等于 1/2,因此可以得到如下命题。

命题 6 企业异质程度内生可变时,在存在城市拥挤成本的情况下,随着一体化的深化,地区间平均生产率差异既可能逐渐增加,也可能呈钟状曲线变化,还可能无差异。

命题 6 意味着,尽管大城市的平均生产率会高于小城市,但是这种地区间平均生产率差距也可能呈现钟状曲线式的变化。不过上述命题是在 k 和 m 不变的情况下得到的,如果技术不断进步,即 m 下降,同时技术溢出效应不断增强,即 k 不断增加,那么地区间生产率差距的变化会更加复杂。但在实证分析中,若可以找到合适的方法对这两者加以控制,就可以验证地区间生产率差距的变化趋势与技能劳动力分布变化是否一致。

3.5 小结

本章基于 OTT 线性框架,在技术溢出内生的视角之下,将技能劳动力集聚程度与低成本企业出现概率相联系,进而分析了企业异质内生可变下的地区产业分布演变。本章主要得到了以下结论:

(1)在技术溢出内生或企业异质内生可变时,随着一体化的深化,经济不再是如技术溢出外生时直接从对称结构突变为"核心-边缘"结构,而是从对称结构逐渐过渡到"核心-边缘"结构。这是因为将技能劳动力集聚程度与企业异质程度相联系之后,由于技能劳动力可以创办低成本企业的概率与技能劳动力的集聚程度相关,由此导致部分集聚力与运输成本不相关。

(2)地区间的平均生产率差异越大,技能劳动力的分布重新回到均衡分布的速度也会越快。

(3)在将城市拥挤成本纳入分析框架之后,发现钟状曲线并不会必然出现。当城市拥挤成本较低时,钟状曲线不会出现,此时随着一体化的深化,技能劳动力会不断向市场规模较大的地区集聚,直到"核心-边缘"结构的出现;当城市拥挤成本很高时,产业分布既可能永远都是对称的,也可能会出现完整的钟状曲线;而当城市拥挤成本处于中等程度时,此时,或是出现不完整的钟状曲线,或是产业向市场规模较大的地区部分集聚。

(4)在存在城市拥挤成本的情况下,随着一体化的深化,地区间平均生产率差异既可能逐渐增加,也可能呈钟状曲线变化,还可能无差异。

本章将技能劳动力集聚所产生正的外部性纳入分析框架之

中,从而可以在企业异质内生可变的全新视角下探讨地区产业分布的演变,这种建模方式与城市拥挤成本等情形相结合后蕴含着更多的可能性,以其为基础的新新经济地理模型也可以更好地解释经济现实。可以预料的是,未来从技术外部性和企业异质性的来源入手构建企业异质内生可变的基本模型结构,分析技术外部性与集聚之间的内生互动机制,而后将诸如异质性移民和城市拥挤成本等实际问题纳入分析框架之中,将会是新新经济地理研究中十分值得关注的领域。

4 中国制造业集聚的动力机制——企业异质与产业集聚互动的视角

市场一体化可以促进产业集聚,这是新经济地理文献中较为普遍的结论,即使如本书在第 2 章和第 3 章考虑了产业集聚与企业异质性之间的互动作用,无论是资本自由流动模型,还是技能劳动力自由流动模型,结论都表明市场一体化的深化会带来产业集聚程度的提高。此外,第 2 章和第 3 章的模型还表明,企业异质程度也会对产业集聚产生重要影响,由于企业异质性对产业集聚的影响为大多数文献所忽视,而前两章的结论又表明企业异质性是产业集聚的主要推动力,因此企业异质性对中国制造业集聚的影响将是本章主要关注的内容。

第 3 章的命题 4 表明,企业异质程度的提高对产业集聚的影响是非线性的,但在工业化的初期,企业异质程度的提高可以促进产业的集聚。企业异质程度由该地区企业生产率的差异程度决定,即可能由该地区产业份额 λ、k 以及 m 决定,但是 m 不是一个合理的度量指标,因为 m 事实上为高成本企业相对于低成本企业的生产率,是一个相对指标,随着整个经济体技术的进步,低成本企业与高成本企业的技术水平都会随之进步,因此 m 可以认为是固定不变的,且不会影响一个地区的企业生产率异质程度。不过,如果由于企业异质程度用这个地区企业生产率(用生产成本表示)的离散系数表示,那么离散系数仅由 k、λ 以及 L 构成①,可见 k 以及 λ 的增加都会提高这个地区的企业异质程度,而 k 以及 λ 的增加同时也意味着这个地区企业平均成本的降低或平均技术水平的进步。因此,在实证分析时,可以用一个地区的技术水平来衡量各个地区的企业生产率异质程度,技术水平的上升也意味着企业异质程度的增加。事实上,当利用其他不同的模型设定时,如 Maximilian 和 Tobias(2013),也可以得到类似的结论,即企业异质程度与技术水平同步变化。

除了分析企业异质程度对产业集聚的影响,由于市场一体化是地区政策的主要着力点,因此接着需要考虑的是,随着市场一体化的深化,企业异质程度会如何变化?由于可以用技术水平衡量企业异质程度,若技术进步可以促进中国制造业的集聚,而制造业集聚的差异又是地区经济差距的重要影响因素,那么地区技术差距也将对地区制造业发展差距和经济发展差距产生重要影响。因此,本章主要分析两个问题:①用技术水平衡量的企业异质程度对中国制造业集聚有何影响,随着技术进步或企业异质程度的增加,中国制造业集聚的程度会增加吗?②随着市场一体化的深化,中国制造业的生产率差距会如何变化?

4.1 企业异质程度增加(或技术进步)是否促进了制造业集聚

本书第 2 章和第 3 章说明企业异质程度的增加或技术进步会

---

① 在第 3 章的设定下,可以计算出离散系数为 $[k\lambda L/(1-k\lambda)]^{\wedge}1/2$,平均成本为 $(1-k\lambda)m$。

影响产业集聚,除此之外,以企业异质性为特征的新新经济地理的出现,也已为生产率异质可以促进产业集聚提供了相应的理论支撑,如 Okubo 等(2010)、Behrens 等(2011)以及 Ottaviano(2011)都认为企业生产率的异质性会影响产业的布局,Maximilian 和 Tobias(2013)的分析表明,不但地区间对称的技术进步会促进产业的集聚,而且更重要的是,当地区间的技术进步非对称时,产业会向技术更加先进的地区集聚,即地区间生产率的异质性会促进产业向技术先进地区集聚。但是,中国制造业企业生产率异质程度的增加会促进中国制造业的集聚,或者中国制造业的技术进步会促进其集聚吗? 对此尚需实证分析的验证。

4.1.1 计量模型与数据说明

由于本节主要验证产业内各地区的企业异质程度是否会促进产业向这个地区集聚,而企业异质程度又用技术水平衡量,因此本节的计量模型如下:

$$agglomeration_{it} = con + \alpha tfp_{it} + \beta X_{it} + u_i + \varepsilon_{it} \quad (4-1)$$

上式中,i 表示第 i 个"产业-地区",如 $i=1$ 就表示"农副食品加工业-北京"这个观测点,而本节实证所用的面板数据在某个年份的截面数据由"产业×地区"组成(还需去除部分数据缺失或数据存在错误的"产业-地区");t 表示年份;$agglomeration_{it}$ 表示一个地区关于某个产业的产业集聚指标;tfp_{it} 表示一个地区在某个产业所具有的生产率;X_{it} 为控制变量;u_i 为个体效应;ε_{it} 为随机项;α,β 为估计系数。

首先,本节用 Glasser 等(1992)提出的专业化指数来表示一个地区关于某个产业的产业集聚指标,并用 $agglomeration$ 表示这个指标,对于第 m 个产业中第 n 个地区的专业化指数而言,计算公式为:

$$\frac{地区\,n\,产业\,m\,的增加值/全国产业\,m\,的增加值}{地区\,n\,制造业总增加值/全国制造业总增加值}$$

本节之所以优先选用工业增加值而非从业人员计算产业集聚指标,原因在于:①考虑到我国特有的户籍制度,地区就业人口的统计数据不能真实地反映当地就业人口,因此与采用就业人口来计算产业集聚指标相比,采用工业增加值计算更为合适(彭向和蒋传海,2011);②随着技术的进步和产业的演化,与从业人员的集聚相比,现代产业集聚主要体现为资本的集聚,即产业集聚不一定会带来从业人员的大规模集聚,因此利用工业增加值计算产业集聚指标也更为合适。

其次,本节所用的生产率为全要素生产率,用 tfp 表示这个指标。在计算全要素生产率之前,本节将会构造中国制造业分行业、分地区的面板数据。对于控制变量 X_{it} 而言,本节主要选取了如下对产业集聚较为重要的 3 个变量:

(1)地区相对人口规模,即地区人口规模占全国总人口规模的比例,用 rl 表示。正如前文所述,在人口规模越大的地区,企业的市场接近效应越显著,由于市场规模较大地区企业面临的消费者需求也越大,企业的利润和劳动力的工资也会更高,集聚力也会随之增强,因此产业会不断在这个地区集聚。

(2)地区的人力资本水平,用 h 表示。人力资本水平越高的地区,技能劳动力相对于非技能劳动力占比越大,而根据新经济地理,技能劳动力的数量可以决定企业的数量和产业的集聚程度,因此在分析技术进步对产业集聚的影响时,有必要控制人力资本对产业集聚的影响。

(3)地区的对外开放度,即进出口总额占总产出的比例,用 $open$ 表示。出口规模越大,意味着企业面临的国外市场规模越大,而进口,特别是国外先进技术设备的进口,也有利于我国产业的进化和集聚。

最后,由于实证分析中计量的稳健性十分重要,因此本节也对模型进行了适当的稳健性检验。

(1)采用多种指标计算方法,验证计量结果的稳健性。首先,除了用工业增加值计算产业集聚指标外,本节还用从业人员计算了以专业化指数表示的产业集聚指标,并用 $agglomerationpop$ 表示,然后重新检验其与生产率 tfp 之间的关系;其次,本节还计算了产业内每个地区生产率与产业内所有地区生产率平均值的比值,并用 $tfpr$ 表示,即此时生产率是一个相对指标,而后重新检验了 $agglomeration$ 与其之间的关系。

(2)采用不同的计量方法,验证计量结果的稳健性。除了采用普通的面板数据估计外,考虑到产业集聚与技术进步之间存在双向因果关系,即技术进步具有一定的内生性。本节也利用滞后变量替换当期变量,或者利用滞后变量作为工具变量来处理内生性,并用稳健的 2SLS 估计方法或稳健的二阶段 GMM 估计方法对计量模型进行估计。除此之外,本节还将通过分时间段和分区域检验,验证上述结论的稳健性。

本节需要计算产业集聚指标、产业内各地区的生产率以及 3 个控制变量,而计算产业集聚指标以及生产率都需要先构建完整的分行业(产业)、分地区面板数据。本节主要估算并处理 1999—2010 年规模以上的分行业、分地区投入产出数据,选择 1999—2010 年分行业、分地区数据较为连续完整的 21 个二位数工业行业,其中 20 个行业属于制造业。这些行业及其对应的分类号分别为:农副食品加工业(13);食品制造业(14);饮料制造业(15);烟草加工业(16);纺织业(17);造纸及纸制品业(22);石油加工及炼焦业(25);

化学原料及化学制品制造业(26);医药制造业(27);化学纤维制造业(28);非金属矿物制品业(31);黑色金属冶炼及压延加工业(32);有色金属冶炼及压延加工业(33);金属制品业(34);通用设备制造业(35);专用设备制造业(36);交通运输设备制造业(37);电气机械及器材制造业(39);通讯设备、计算机及其他电子设备制造业(40);仪器仪表及文化办公机械制造业(41);电力、热力的生产和供应业(44)。

除此之外,本部分利用工业增加值、资本存量和劳动投入估计TFP,本节在估算分行业、分地区的资本存量时,采用固定资产净值年平均余额估算工业分行业资本存量,并参考大多数文献的处理方法,用固定资产投资价格指数替代。由于本节处理的是分行业、分地区的数据,因此本节用各地区的固定资产投资价格指数替代。广东1999年和2000年,以及海南1999年的固定资产投资价格指数缺失,用全国的数据替代。对于初始资本存量,用1999年分行业、分地区的固定资产净值作为初始资本存量。

然后用分行业、分地区的从业人员年平均人数作为劳动力投入数据。同时,部分缺失数据予以剔除。首先,西藏的数据由于不完整,全部剔除;其次,部分"行业-地区"的工业增加值、从业人员等数据在某些年份不完整或者为负值,本节将这部分数据剔除,包括化学纤维制造业中的北京、内蒙古、黑龙江、湖北、广西、贵州、云南、青海、宁夏、新疆,石油化工及炼焦业中的海南、重庆、贵州、青海,通讯设备、计算机及其他电子设备制造业中的青海、宁夏,烟草加工业中的青海、宁夏,仪器仪表及文化办公机械制造业中的内蒙古、海南,造纸及纸制品业中的青海,专用设备制造业中的吉林、新疆。

利用估算出来的分行业、分地区的制造业面板数据,按照前文的方法,首先可以计算产业增加值和从业人员数所对应的产业集聚指标 $agglomeration$ 以及 $agglomerationpop$,还可以利用产业内每个地区工业增加值占整个产业增加值之比计算出 $agglomerationr$。本节除了计算 tfp 外,还计算出了相对生产率指标 $tfpr$。最后计算了3个控制变量,即 rl、h、$open$。主要计算指标的统计性描述见表 4-1,整个样本的时间范围为 1999—2010 年。

表 4-1 主要计算指标的统计性描述

变量	样本数量	均值	标准差	最小值	最大值
Y	7284	100.8863	234.7584	0.0173	5788.7220
K	7284	113.0355	227.3326	0.0091	3419.8970
L	7284	8.2268	15.5137	0.0100	324.4600
$agglomeration$	7284	1.0311	1.0155	0.0015	14.0492
$agglomerationpop$	7284	1.1226	1.0459	0.0055	17.1667
tfp	7284	2.1048	2.4328	0.0331	51.0947
$tfpr$	7284	1.0000	0.4270	0.0337	6.3884
rl	7284	0.0346	0.0207	0.0041	0.1014
h	7284	8.1313	1.1974	5.8194	20.1435
$open$	7284	0.3226	0.3768	0.0410	1.6682

不同计算指标下产业集聚与技术进步之间的散点图分别见图 4-1 和图 4-2,即使计算产业集聚和技术进步的指标有所差别,但是两个图都表明技术进步与产业集聚之间存在一定的正向关系,后文将会通过计量分析来进一步验证这个结论。

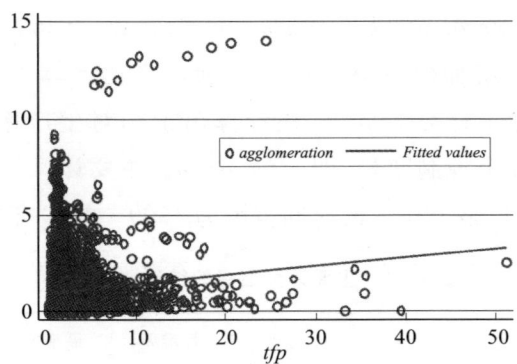

图 4-1 产业集聚(用工业增加值计算)与技术进步的散点图

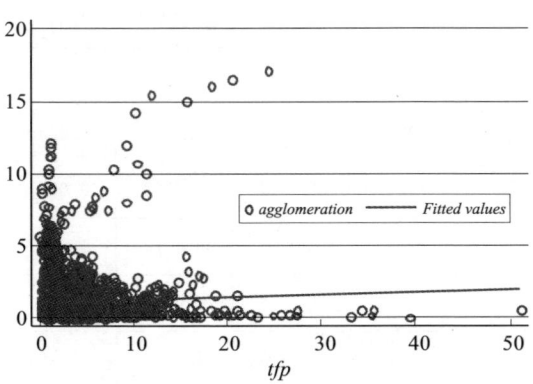

图 4-2 产业集聚(用从业人员计算)与技术进步的散点图

4.1.2 实证分析

本节关于"技术进步会促进产业集聚"基础检验的结果见表 4-2 和表 4-3,主要是检验 $agglomeration$ 与 tfp 之间的关系。其中

表4-2是利用普通的面板数据检验,根据Hausman检验各个模型都应该选择固定效应模型。由表4-2中模型(1)和模型(2)的结果可知,无论是否加入控制变量,技术进步都会显著促进产业的集聚。不过,由于技术进步与产业集聚之间存在双向因果关系,即产业集聚产生的外部性也可以促进技术进步,因此技术进步存在一定的内生性。为此,模型(3)用生产率滞后一阶的变量替代其水平值,但是结果仍然表明技术进步可以显著地促进产业集聚。虽然各个模型的拟合优度偏低,但是本节主要关注技术进步与产业集聚之间的相关性,而估计系数的可靠性并不取决于拟合优度的大小(Wooldridge,2009),因此较低的拟合优度也是可以接受的[①]。

为了进一步确保结果的稳健性,表4-3利用工具变量法重新检验了$agglomeration$与tfp之间的关系。表4-3中的模型(1)~(4)均选取滞后3~4阶的生产率作为其水平值的工具变量。其中,Durbin-Wu-Hausman test 为内生性检验;Kleibergen-Paap rk LM statistic 为工具变量识别不足检验下的统计值;Kleibergen-Paap rk Wald F statistic 为弱工具变量检验下的统计值;Hansen J statistic 为过度识别约束检验下的统计值,用于检验工具变量的外生性。首先,内生性检验的结果说明应该拒绝原假设,即技术进步指标的确存在内生性;其次,识别不足检验和弱工具变量检验的结果说明选择的工具变量具有合理性,即不存在识别不足和弱工具变量的问题;最后,由于过度识别约束检验可以用5%作为检验的基准(Blundell,Bond,2000),原假设是工具变量的选取是合理的。

[①]除此之外,Wooldridge(2009)还认为在利用工具变量方法估计时:拟合优度可能为负值(本节在工具变量估计中即出现负的拟合优度),而且工具变量估计中拟合优度对于模型的判断作用并不大,内生性的存在也致使不能对拟合优度进行合理阐释,故而本节并没有给出工具变量下模型的拟合优度。

因此,Hansen 检验的结果意味着应该接受原假设,即工具变量的选取具有合理性。表 4-3 中模型(1)和模型(2)是用稳健的 2SLS 估计方法估计,而模型(3)和模型(4)是用稳健的二阶段 GMM 估计方法估计。检验的结果表明,在上述两种估计方法下,无论是否加入控制变量,技术进步均可以显著促进产业集聚。

表 4-2 固定效应下的基础检验

变量	模型(1)	模型(2)	模型(3)
tfp	0.0252*** (9.24)	0.0279*** (9.84)	
$L.tfp$			0.0221*** (6.97)
rl		−0.193 (−0.86)	−0.131 (−0.56)
$open$		−0.0989** (−2.38)	−0.0734 (−1.60)
h		−0.0136** (2.44)	−0.00943 (−1.64)
估计方法	FE	FE	FE
拟合优度	0.0126	0.0145	0.00811
样本数量	7284	7284	6677

注:***、**、*分别表示在1%、5%、10%的显著性水平下显著,括号中的是估计系数假设检验的统计值。

表 4-3 工具变量法下的基础检验

变量	模型(1)	模型(2)	模型(3)	模型(4)
	2SLS		gmm2s	
tfp	0.0110** (2.20)	0.0143** (2.15)	0.0107** (2.14)	0.0147** (2.21)
rl		0.115 (0.56)		0.0910 (0.44)
$open$		−0.0613 (−1.14)		−0.0382 (−0.73)
h		−0.0243 (−1.15)		−0.0255 (−1.21)
Durbin-Wu-Hausman test	12.783 [0.0003]	6.511 [0.0107]	12.783 [0.0003]	6.511 [0.0107]
Kleibergen-Paap rk LM statistic	81.20 [0.0000]	48.10 [0.0000]	81.20 [0.0000]	48.10 [0.0000]
Kleibergen-Paap rk Wald F statistic	87.63	46.97	87.63	46.97
Hansen J statistic	3.239 [0.0719]	3.356 [0.0670]	3.239 [0.0719]	3.356 [0.0670]
样本数量	4856	4856	4856	4856

注：①***、**、*分别表示在1%、5%、10%的显著性水平下显著，括号中的是估计系数假设检验的统计值；②Durbin-Wu-Hausman test 为内生性检验，Kleibergen-Paap rk LM statistic 为工具变量识别不足检验下的统计值，Kleibergen-Paap rk Wald F statistic 为弱工具变量检验下的统计值，Hansen J statistic 为过度识别约束检验下的统计值，其中中括号中的是检验统计值对应的 P 值；③模型(1)~模型(4)均选取滞后3~4阶的生产率作为其水平值的工具变量。

上述基础检验的结果表明"技术进步会促进产业集聚"的结论是成立的。本节接着对上述结论进行了稳健性检验,表4-4中各个计量模型所用的估计方法均为工具变量法下稳健的gmm2s估计。首先,用从业人员计算的产业集聚指标替换增加值计算的产

表4-4 稳健性检验

变量	模型(1)	模型(2)	模型(3)	模型(4)
	$agglomerationpop$		$agglomeration$	
tfp	0.0307***	0.0258***		
	(3.63)	(2.96)		
$tfpr$			0.353***	0.355***
			(5.74)	(5.75)
rl		−0.00743		−0.0477
		(−0.04)		(−0.21)
$open$		0.0341***		0.0299
		(3.65)		(0.81)
h		0.0389		−0.00454
		(1.09)		(−1.22)
Durbin-Wu-Hausman test	29.097	21.730	5.514	5.539
	[0.0000]	[0.0000]	[0.0189]	[0.0186]
Kleibergen-Paap rk LM statistic	87.91	71.15	161.4	160.3
	[0.0000]	[0.0000]	[0.0000]	[0.0000]
Kleibergen-Paap rk Wald F statistic	79.46	65.60	78.59	77.85
Hansen J statistic	0.279	0.114	0.545	0.563
	[0.598]	[0.736]	[0.460]	[0.453]
样本数量	5463	5463	6070	6070

注:①②同表4-3;③表4-4中各个模型的计量方法均为稳健的gmm2s估计;④模型(1)、模型(2)选取滞后2~3阶的生产率作为其水平值的工具变量,模型(3)、模型(4)选取滞后1~2阶的生产率相对值作为其水平值的工具变量。

业集聚指标,重新检验得到的结果见表 4-4 中模型(1)和模型(2),由结果可知,在通过各个假设检验的条件下,此时模型(1)、模型(2)中技术进步指标的系数依然显著为正数。可见,当将产业集聚指标 $agglomeration$ 替换为 $agglomerationpop$ 时,"技术进步会促进产业集聚"这个结论是稳健的。其次,用生产率的相对值 $tfpr$ 替换生产率的绝对值 tfp,而后检验上述结论是否依然成立,检验的结果见表 4-4 中模型(3)和模型(4)。在通过内生性检验、识别不足检验、弱工具变量检验以及过度识别约束检验的前提下,此时模型(3)、模型(4)中技术进步指标的系数都显著为正数,意味着"技术进步会促进产业集聚"的结论仍然成立,也说明企业异质程度的增加会促进中国制造业的集聚。另外,对比上述计量模型,此时生产率相对值的系数要明显偏大,这是生产率的相对值低于其绝对值所致。

4.2 市场一体化是否扩大了地区技术差距

地区技术差距或地区生产率差距是地区发展差距的主要成因(李静等,2006;傅晓霞,吴利学,2006),而市场一体化又是当前中国区域发展的主要趋势和地区经济演变的重要动力。因此,在当前中国市场一体化不断深化,地区之间贸易成本不断下降的背景之下(桂琦寒等,2006;赵奇伟,熊性美,2009;梁琦等,2013),分析市场一体化对地区生产率差距的影响,不但有助于进一步理清中国当前地区差距的形成脉络,还有助于找出缩小中国地区差距的可行思路与路径。不过,虽然已有较多文献对中国地区生产率差距展开分析(范剑勇,2006;傅晓霞,吴利学,2009),也得到了许多重要的结论,但是无论在理论层面,还是在实证层面,都鲜有文献深入探讨中国市场一体化与地区生产率差距之间的关联。然而,纳入企业异质性(Melitz,2003)的新经济地理理论符合中国现阶段的经济现实,为探讨中国地区生产率差距变化的内在机制提供了全新的思路(梁琦等,2012;梁琦等,2013),结合了新经济地理学和企业异质理论的新新经济地理学的出现(Baldwin,Okubo,2006;Ottaviano,2011),已经为规范分析市场一体化对地区生产率差距的影响及其作用机制提供了坚实的理论基础。与新经济地理类似,新新经济地理分析地区间产业集聚演化和经济变迁的切入点同样是市场一体化。而本节的目的即在于,基于新新经济地理学的分析框架,分别从理论模型构建和实证检验两个层面入手,分析并验证市场一体化如何作用于中国地区生产率差距。

由于生产率差距的变化与产业的集聚过程直接相关,而市场一体化和企业异质程度又会影响产业的集聚,故当前有两条主要的研究脉络可以用于分析地区生产率差距的变化。

(1)市场一体化影响产业集聚,进而影响地区生产率差距。如Baldwin和Okubo(2006)发现随着贸易成本的下降,低成本企业不断转移到核心区,从而使地区生产率差距扩大,与其不同的是,Okubo等(2010)通过构建一个基于OTT线性框架且存在企业异质性的新新经济地理模型,发现当贸易成本进一步下降,市场一体化不断深化,使得市场的分割不再能够为低效率企业提供足够的保护以逃避外部竞争时,低效率企业也将选择定位于具有更大市场规模的国家,从而导致国家或地区生产率差距随市场一体化的深化呈现先升后降的趋势。

(2)企业异质影响产业集聚,进而影响地区生产率差距。此时企业异质程度有两种方法描述,第一种是延续自Melitz(2003)的设定方法,企业异质程度体现为生产率连续分布的区间范围,Maximilian 和 Tobias(2013)发现,当给定最低的生产率时,随着技术的进步或者生产率分布空间的增加,产业集聚的程度也增加了,即技术进步或企业异质可以强化产业集聚;第二种是 Okubo 等(2010)提出的将企业异质性简化为高成本企业与低成本企业两种类型,不过 Okubo 等(2010)发现随着低成本企业所占份额的增加,本地市场效应的强度会呈现先下降、后增加、最后再下降的过程,即企业异质的变化对产业集聚的影响是非线性的。

尽管上述文献对基于新新经济地理框架探讨地区间生产率差距的演变非常有借鉴意义,但是也有可能弱化了市场一体化与地区生产率差距之间的关联。这是因为,上述文献都忽视了产业集聚与企业异质性之间可能存在的内在互动机制,如果产业集聚与企业异质程度之间可以相互影响,那么产业集聚与企业异质之间可能存在循环累积的作用机制,如此作为影响产业集聚主要力量的市场一体化,既可以通过影响产业集聚来影响地区生产率差距,也可以通过产业集聚间接影响企业异质性,进而企业异质性又反馈于产业集聚并影响地区生产率差距。因此,若要完整分析市场一体化对地区生产率差距的全部作用,就有必要在理论模型中纳入产业集聚与企业异质之间可能存在的内在互动机制。

那么,产业集聚与企业异质之间是否存在一定的联系?由于伴随产业集聚所产生的一个显著特征即为技术外部性,而技术外部性又可以与企业的生产率异质相联系,企业异质理论的出现恰好为将技术外部性纳入新经济地理的分析框架之中创造了条件,意味着可以从产业集聚会带来知识和技术溢出的角度来阐释企业异质性的来源。因此,可以确认产业集聚与企业异质之间存在着某种关联,而在构建包含产业集聚与企业异质的理论框架时,重点是如何建立产业集聚与技术外部性之间的理论联系。不过,正如梁琦和钱学锋(2007)所论述,现有文献主要关注由消费者与产业之间的关联效应等产生的金融外部性,而忽略了像知识外部性及信息溢出这类关联导致的技术外部性,对于集聚与技术和知识外溢之间的内生性关系至今尚未得到充分解决。可见,虽然技术外部性对产业集聚十分重要,部分文献也开始从实证角度分析产业集聚带来的外部性与生产率提高或创新之间的关系(范剑勇,石灵云,2009;彭向,蒋传海,2011)。但是技术外部性和产业集聚之间的理论关联还尚未深入研究,现有文献还鲜有将技术外部性纳入新经济地理的理论框架之中,而本书第3章的理论模型考虑了产业集聚与企业异质性之间的互动影响。按照3.3节的分析,由于一个地区生产率的大小可以用其平均边际成本表示,平均边际成本越高,生产率越低。那么结合上一章的内容,就可以得到如下推论,即市场分割的弱化或者市场一体化的深化会扩大地区间的技术差距。

  自中国改革开放以来,国内各种要素流动的障碍不断得以消除,但是随之而来的却是区域间严重的非均衡发展。由于地区生产率差距是地区发展差距的主要成因(李静等,2006;傅晓霞,吴利学,2006),同时中国市场一体化不断深化,地区之间贸易成本不断下降(桂琦寒等,2006;赵奇伟,熊性美,2009;梁琦等,2013),因此,此处通过用产业集聚产生的技术外部性阐释企业异质性的来源,进而构建产业集聚与技术外部性内生互动的新新经济地理模型所得到的主要结论,即市场一体化可以扩大地区间的生产率差距,将中国近些年经济社会发展的两个典型事实——市场一体化与区域非均衡发展联系在一起,具有一定的理论价值和现实意义。

4.2.1 计量模型与数据说明

4.2.1.1 计量模型

本节的计量模型用于验证上述理论模型得到的主要推论是否成立,即市场一体化是否扩大了地区间的生产率差距。首先需要考虑的是,地区间的生产率差距如何描述? 一般而言,分析某些因素对地区间生产率差距的影响,可以直接检验这些因素对各个国家或地区与位于技术前沿国家或地区之间生产率差距的影响(Manca,2010),其实是将技术前沿地区和其余每个地区作为一组微观研究对象。然而,用邻近地区之间的生产率差距更适合本节的实证分析。这是因为邻近地区的地理位置、资源禀赋等情况大致相似,与主流的新经济地理以及新新经济地理模型相同,本节构建的理论模型中,一个必要的假设就是除开技能劳动力的分布外,空间的其他要素是对称的,故而将邻近地区作为本节的微观研究对象更具合理性。如果将地区间的生产率差距定义为每个地区与技术前沿地区间的生产率差距,那么理论模型内含的假设就是每个地区与技术前沿地区的地理位置、资源禀赋等要素相似,而这显然并不合理。当然,即使是邻近地区,其地理位置和资源禀赋也可能存在一定的差别,因此还需要在实证模型中加入其他控制变量,用以尽量消除地区间非对称因素的影响。具体的计量模型如下:

$$\ln gtfp_{it} = con + \alpha \ln integration_{it} + \beta \ln X_{it} + u_i + \eta_t + \varepsilon_{it}$$

式中,$gtfp_{it} = tfp_{i1t}/tfp_{i2t}$,表示每对相邻地区间的生产率差距,其中 i 表示第 i 对邻近地区,这对邻近地区所含两个地区的生产率分别为 tfp_{i1t} 和 tfp_{i2t},并且令第 1 个地区的生产率 tfp_{i1t} 大于第 2 个地区的生产率 tfp_{i2t},即 $tfp_{i1t} > ftp_{i2t}$; $integration_{it}$ 表示第 i 对邻近地区间的市场一体化水平; X_{it} 为其他的控制变量, $X_{it} = X_{i1t}/X_{i2t}$

表示每对相邻地区中生产率较大地区与另外一个地区相关指标的差距;u_i 为个体效应,用以控制每对相邻地区的固有特征;η_t 为时间效应;ε_{it} 为随机项;con 为常数项。所有变量取对数,以缓解异方差带来的影响。

为了尽量消除每对相邻地区间非对称因素对其生产率差距的影响,本节主要选取了 3 个关键的控制变量。

(1) 人力资本差距(gh)。选择人力资本的原因在于,人力资本不但是技术进步的主要载体(Fagerberg,Srholec,2005),更为重要的是,人力资本还是技术落后国家或地区吸收外来先进技术的主要渠道(Xu,2000)。Datta 和 Mohtadi(2006) 还发现人力资本水平较低的发展中国家只能模仿,而人力资本水平较高,超过某个临界值的发展中国家则可以进行创新,即发展中国家的人力资本水平决定了其吸收国际技术扩散的能力。由于发展中国家大部分技术存量都来自于国际技术扩散(Keller,2004),因此对于中国的技术进步而言,人力资本的作用格外凸显,中国各地区间的人力资本差距也会对其技术差距产生重要影响。除此之外,人力资本也会影响一定产业集聚程度下所产生的技术外部性大小。上述分析都说明,有必要在实证模型中控制相邻地区间的人力资本差距。

(2) 人口规模差距(gl)。新经济地理学中的 DSK 模型说明,一个地区的市场规模越大,产业越容易在这个地区集聚,若将产业规模大小与技术外部性相联系,产业规模较大地区的技术外部性也会越大,进而地区间的技术差距也会越大,因此有必要控制地区间市场规模的差距,此处用人口规模来衡量本地区的市场规模。

(3) 对外开放度差距($gopen$)。对外开放度较高的地区可以通过 3 个渠道推动其技术进步,一是较大的出口规模会扩大市场规模,有利于产业在这个地区不断集聚,进而通过技术外部性来推动其技术进步;二是在进口贸易对技术进步的推动作用中,技术和知识主要体现在进口的设备之中(Pack,2001),发展中国家引进的技术通常包括在新的机器设备里,属于包含在资本里面的技术进步(Edward K. Y. Chen,1997),即进口大量先进设备会带来显著的物化型技术进步,从而提高其生产效率;三是进口国可以通过技术模仿(Posner,1961)或技术吸收(Coe,Helpman,1997;Keller,2009)来推动本国技术进步,这都意味着需要在实证模型中控制地区间的对外开放度差距。

除了通过加入上述控制变量来提高计量结果的可靠性外,本节还通过以下方法来确保实证分析的稳健性。

(1)通过分组检验,确保实证分析的稳健性。首先分时间段检验,将样本划分为2000—2005年和2006—2012年,如此可以检验随着经济的发展和市场一体化进程的加速,全部样本下所得结论是否显著。其次分类别检验,本节将所有样本分为两大类,即劳均产出均值的比值较小的32对相邻地区和劳均产出均值的比值较大的33对相邻地区,前一类样本的经济发展差异要小于后一类样本,如此可以尽量分离相邻地区间的非对称性对计量结果准确性的影响,使计量模型与理论模型更加相符,也可以探讨随着经济发展差距的扩大,市场分割的系数是否有显著变化。最后根据每对相邻地区所处的地理位置,将全国65对相邻地区(不含西藏)划分为内地组(39对)、沿海组(13对)以及沿海与内地交叉组(13对)。沿海组中每对相邻地区均位于沿海地区,内地组中每对相邻地区均位于内地,沿海与内地交叉组中每对相邻地区分别来自于沿海和内地,将沿海组和内地组划分出来,可以进一步去除相邻地区间非对称因素的影响,通过对内地组的估计,以及对内地组和沿海组的混合估计(因为沿海组的观测值个数太少)都可以验证本节主要结论的稳健性。

(2)在计算全要素生产率时,分别采用三种方法计算投入要素的产出弹性。第一种是用回归法计算,假定规模报酬不变;第二种同样是用回归法计算,但假定规模报酬可变;第三种是用收入份额法计算。三种方法下计算得到的全要素生产率分别为:tfp_1、tfp_2以及tfp_3。计算 TFP 时,采用回归法较为普遍,如郭庆旺和贾俊雪(2005)等,然而 Barro 和 Sala-i-Martin(2004)认为回归法的缺点太多,如要素增长率非外生、要素数量测量误差使得回归结果不满足一致性以及系数可能随时间变化。故回归法更加适用于成熟的市场经济体,对于中国这样的转型经济体,允许系数项随时间可变将更为合适(李宾,曾志雄,2009)。因此,本节既参考大多数文献,采用回归法计算,同时也采用要素收入份额可变的增长核算法计算,利用上述不同计算方法所得到的实证结果可以相互验证。

(3)本节参考桂琦寒等(2006)、陆铭和陈钊(2009)以及赵奇伟和熊性美(2009),用价格法测算每对相邻地区间的市场一体化程度或市场分割程度,所使用的商品零售价格分类指数既包括农产品价格指数,也包括工业品价格指数。本节计算了两个市场一体化指标或市场分割指标,其中一个是利用所有商品价格指数计算得到的市场分割指标,另一个是剔除农产品价格指数后计算得到的市场分割指标,两个指标分别为 $segregation_1$ 和 $segregation_2$。虽然理论模型中假设不存在农产品贸易成本,但是后文在计算市场分割指数时,已经消除了与特定商品种类相联系的信息。本节所计算的两个市场分割指标下得到的实证结果同样可以相互验证。

(4)在计量模型中加入分时间段虚拟变量以及分类虚拟变量与市场分割指数的交互变量,既可以验证主要结论的稳健性,也可以验证分组检验所得结论的稳健性。

4.2.1.2 数据说明

本节主要计算的基本指标有：全要素生产率、市场一体化指标、人力资本、人口规模以及对外开放度。相关数据主要来自于历年的《中国统计年鉴》《中国人口统计年鉴》《中国人口和就业统计年鉴》《新中国六十年统计资料汇编》，以及各省份历年的统计年鉴。整个样本的时期从2000年到2012年，西藏因为部分数据缺失而未放入样本之内，在划分相邻地区时，假定海南与广东相邻，如此可以得到65对相邻地区。

(1)全要素生产率。计算全要素生产率时所用到的产出和资本存量指标是以2000年为基期，劳动力为各省从业人员。利用永续盘存法计算各省的资本存量：$K_t=(1-\delta)K_{t-1}+I_t$，其中$K_t$为当期的资本存量，$K_{t-1}$为上期的资本存量，$\delta$为折旧率，$I_t$为当期的投资额。当年的投资指标采用资本形成总额，并且用固定资产投资价格指数转换为以1997年价格为基准的资本形成总额，折旧率采用9.6%(张军等,2004)。以2000年价格为基准,2000年的资本存量数据来自张军等(2004)，但是上述数据将四川和重庆的资本存量予以合并。本节首先估算出2000年四川和重庆的资本存量：$K_0=I_0/(g+\delta)$，其中g为样本时期内四川和重庆资本形成总额的年均增长率，K_0和I_0分别为2000年的资本存量和资本形成总额。而后按照估算出来的四川和重庆资本存量的比例，将张军等(2004)四川资本存量的数据划分为以2000年价格为基准的、2000年四川和重庆的资本存量。

如前文所述，本节除了用回归法计算TFP(分别假定规模报酬不变和规模报酬可变)，计算时采用的是柯布-道格拉斯生产函数，还会用收入份额法计算TFP，计算时采用的生产函数与孙琳琳和任若恩(2005)以及李宾和曾志雄(2009)一样,是超越对数生产函数。用收入份额法计算 TFP 时,一个关键的问题是收入份额如何计算,部分文献使用了就业人员劳动报酬指标或人均收入来计算劳动总收入。首先就业人员劳动报酬指标仅限于城镇的范围,因而低估了劳动收入在 GDP 中的份额;其次城镇居民可支配收入和乡村居民纯收入包含了收入的二次分配,也不是一个合适的指标。相对而言,李宾和曾志雄(2009)的计算方法更为合理,他们用"工资性收入+家庭经营收入-家庭经营费用支出-生产性固定资产折旧"计算农村居民人均劳动收入,其中"生产性固定资产折旧"指标无法从统计年鉴获得,可以用"购置生产性固定资产"指标予以替代,这是因为"购置生产性固定资产"指标占家庭经营收入比例很小,平均不到 4%,故而"生产性固定资产折旧"指标也应很小,两者可以近似替代;同时用"城镇居民人均总收入-财产性收入-转移性收入-其他非生产性收入"计算城镇居民的人均总收入。但是对于最近几年的统计年鉴而言,由于城镇居民人均总收入由"工资性收入+经营净收入+财产性收入+转移性收入"组成,因此可以直接用"工资性收入+经营净收入"计算城镇居民的人均劳动收入,而后分别利用农村和城镇总的人口数计算出劳动总收入,进而得到劳动收入份额。由于他们已经计算出 2007 年及其之前年份的劳动收入份额,因此本节只需计算 2008—2012 年的劳动收入份额即可。

(2)市场一体化指标或市场分割指标。目前,对中国市场分割程度的测算方法主要分为产出结构法、贸易流量分析法、经济周期法、技术效率法和价格法 5 类(赵奇伟和熊性美,2009),考虑到数据的易得性和所得市场分割指标的完整性,本节参考桂琦寒等(2006)、陆铭和陈钊(2009)以及赵奇伟和熊性美(2009),用价格法测算每对相邻地区间的市场分割程度。其中,桂琦寒等(2006)、陆铭和陈钊(2009)选取的是商品零售价格分类指数,赵奇伟和熊性美(2009)选取的是居民消费价格分类指数、固定资产投资品价格以及职工平均实际工资。本节选取商品零售价格分类指数来测算市场分割程度,包括粮食、肉禽及其制品、水产品、饮料烟酒、服装鞋帽、纺织品、家用电器及音像器材、文化办公用品、日用品、燃料,共计10类商品。由于2003年前后部分商品价格指数的统计方式发生变化,因此2000—2002年的肉禽及其制品价格指数用肉禽蛋价格指数替代,家用电器及音像器材价格指数用家用电器价格指数替代,文化办公用品价格指数用文化体育用品价格指数替代。采用相对价格指数的分析方法,需要3维($t \times m \times k$)的面板数据,其中,t为时间,m为地区,k为商品类别。本节包含了2000—2012年共计13年30个省份10类商品的价格指数,具备了时间、地点与商品种类3个维度。

首先,本节利用商品相对价格的绝对值$|\Delta Q_{ijt}^k|$来计算方差,其中:

$$\Delta Q_{ijt}^k = \ln(P_{it}^k/P_{jt}^k) - \ln(P_{it-1}^k/P_{jt-1}^k) \\ = \ln(P_{it}^k/P_{it-1}^k) - \ln(P_{jt}^k/P_{jt-1}^k) \quad (4-2)$$

为了更准确地度量特定市场的分割程度,还需要剔除$|\Delta Q_{ijt}^k|$中由商品异质性导致的不可加效应,这是因为可以将两个地区间同类商品的价格发生波动分解为两个部分,一部分变动仅与这类商品自身的某些特征有关,另一部分变动与商品自身特征无关,只与两地特殊的市场环境或者其他随机因素相关。如果没有消除第一类因素对$|\Delta Q_{ijt}^k|$的影响,即与其他商品的相对价格加总求方差,计算值可能会高估由贸易壁垒形成的实际方差值。可以用去均值的方法消除与这种特定商品种类相联系的固定效应带来的系统偏误,即假设:

$$|\Delta Q_{ijt}^{k}| = \alpha^{k} + \varepsilon_{ij}^{k} \qquad (4-3)$$

其中, α^{k} 仅与商品种类 k 相关; ε_{ij}^{k} 与两地特殊的市场环境相关。

若要消去 α^{k} 项,应对给定年份 t,给定商品种类 k 的 $|\Delta Q_{ijt}^{k}|$ 求其均值,再分别用 $|\Delta Q_{ij}^{k}|$ 减去该均值。令 q_{ij}^{k} 为其得到的差,此时 q_{ij}^{k} 仅与地区间市场分割因素和一些随机因素相关,所得 q_{ij}^{k} 的方差即可以反映相邻地区间的市场分割程度或市场一体化程度,最终计算的是市场分割指数。本节利用上述方法分别计算出了 2000—2012 年间,每年 65 对相邻地区间的两类市场分割指数,市场分割指数越小,表明市场一体化程度越高,反之亦然。

(3)其他指标。用人均受教育年限表示人力资本水平,计算各省的人均受教育年限时将小学、初中、高中、大专及以上学历的居民平均受教育年数分别定为 6 年、9 年、12 年以及 16 年(范剑勇,石灵云,2009)。人口规模用各省份年末总人口衡量。对外开放度用进出口总额与当年 GDP 比值计算。对应 tfp_1、tfp_2 以及 tfp_3 的生产率差距、人力资本差距、人口规模差距、对外开放度差距分别为:$gtfp_1$、gh_1、gl_1、$gopen_1$;$gtfp_2$、gh_2、gl_2、$gopen_2$;$gtfp_3$、gh_3、gl_3、$gopen_3$。

最终计算得到的各个指标的统计描述见表 4-5。

4.2.2 实证分析

4.2.2.1 计量方法的选取

本节的实证分析首先需要解决由遗漏变量以及双向因果关系带来的内生性问题,特别是双向因果关系,这在涉及宏观变量的计量分析中往往难以避免。以本节为例,生产率一般也会对市场一体化程度、人力资本水平、人口规模以及对外开放度产生影响。就市场一体化而言,基础设施建设往往与技术进步及经济增长紧密相关,技术进步使新的运输工具广为运用,运输效率大为提升,而技术进步带来的经济增长又使大规模基础设施建设成为可能。不过上述解释变量的工具变量较难准确选取,因为很难找出与上述解释变量相关,但是与生产率或生产率差距不相关的工具变量,因此本节选择系统 GMM 估计方法来解决这个问题。

表 4-5　各个计算指标(取对数)的统计性描述

	观测值	均值	标准差	最小值	最大值
$\ln segregation$	845	-11.3679	2.8146	-23.0259	-5.7699
$\ln segregation_2$	845	-12.7631	2.9444	-26.8891	-8.0441
$\ln gtfp_1$	845	0.1724	0.1191	0.0005	0.6762
$\ln gh_1$	845	0.0526	0.1207	-0.2191	0.9791
$\ln gl_1$	845	0.2227	0.8315	-1.9014	2.7795
$\ln gopen_1$	845	-0.5314	0.9046	-3.1646	1.5490
$\ln gtfp_2$	845	0.1774	0.1255	0.0004	0.6941
$\ln gh_2$	845	0.0516	0.1212	-0.2227	0.9791
$\ln gl_2$	845	0.2505	0.8235	-1.9014	2.7795
$\ln gopen_2$	845	-0.5286	0.9062	-3.1646	1.5490
$\ln gtfp_3$	845	0.0868	0.0609	0.0002	0.3099
$\ln gh_3$	845	0.0588	0.1179	-0.2025	0.9791
$\ln gl_3$	845	0.2427	0.8259	-1.9014	2.7795
$\ln gopen_3$	845	-0.5354	0.9022	-3.1646	1.5490

系统 GMM 估计法是根据 Arellano 和 Bond(1991)提出的差分 GMM 估计法发展而来,最初由 Arellano 和 Bover(1995)提出,差分 GMM 估计是用内生变量的水平滞后项作为其差分项的工具变量,而系统 GMM 估计还会同时用内生变量的差分滞后项作为其水平项的工具变量。Blundell 和 Bond(1998)、Bond 等(2001)认为,在一阶差分方程中,水平变量的滞后项往往都是弱工具变量,因此差分 GMM 估计量较易受到弱工具变量的影响而产生有限样本偏误,即较易出现弱工具变量问题从而影响估计结果的渐进有效性,而系统 GMM 估计可以利用更多的有效工具变量,系统 GMM 估计的结果也因此具有更好的有限样本性质。事实上,本节在用差分 GMM 估计时,估计结果远不如系统 GMM 估计的结果理想,原因正是由于差分 GMM 所用多为弱工具变量,因此本节选择系统 GMM 估计作为本节的估计方法。系统 GMM 估计可以分为一步和两步 GMM 估计,虽然两步估计的标准差存在向下偏倚,但是这种偏倚经过 Windmeijer(2005)调整已有很大改善,在经过 Windmeijer(2005)调整之前,一般是用一步估计的结果作为参考(Roodman,2009b)。然而,Windmeijer(2005)认为,相对于一步估计,由于调整后两步估计值的偏差更小,因此其要优于一步估计。由于经过 Windmeijer(2005)调整的稳健性两步估计要优于稳健性一步估计(Roodman,2009a),因此本节所有参数估计值均为两步或两阶段稳健性[经过 Windmeijer(2005)的修正]系统 GMM 估计值。

对工具变量进行过度识别检验的方法有 Hansen 检验和 Sargan 检验两种。由于 Sargan 检验要求满足同方差性,而这往往很难成立(Roodman,2009b),因此本节采用 Hansen 检验。此外,Roodman(2009a)认为,无论是考虑 GMM 估计系数的准确性,还是确保过度识别检验即 Hansen 检验的有效性,都需要注意不能利用过多的工具变量,但是 Roodman(2009a)认为并无确切的规则可以判断工具变量是否过多,于是 Roodman(2009a)建议将"Hansen 检验的 P 值达到 1.0000"视为存在过多工具变量的信号,并将"工具变量的个数超过观测值个数"作为存在过多工具变量的一个经验规则,但是 Roodman(2009a)也承认这个经验规则具有一定的随意性[①],只可供参考,关键是要对估计结果的稳健性进行验证。如果 Hansen 检验的 P 值达到 1.0000 或工具变量的个数超过观测值个数,此时既可以通过改变滞后阶数减少工具变量个数,也可以在 xtabond2 命令中加入"collapse"选项减少工具变量个数。然后,可以结合 Hansen 检验的 P 值,以及采用不同滞后阶数时估计结果的稳健性,来综合判定最合适的工具变量个数。虽然本节表 4-6、表 4-10、表 4-13 中系统 GMM 估计的工具变量个数超过了观测值个数[②],但这也是综合考虑了 Hansen 检验的 P 值、工具变量超过的程度、采用不同滞后阶数时估计结果的稳健性等不同因素的权衡结果,本节在每个表格的"注"中也做出了相应的说明。

在用 Hansen 检验判断是否存在过度识别约束的同时(原假设为模型中工具变量的选取是有效的),还需用 Abond 检验判断差分方程的残差项是否存在二阶序列相关,原假设为差分方程的残差项不存在序列相关。在 10% 的显著性水平下,本节各个计量模型

[①] Roodman(2009a)认为这是一个"arbitrary rule of thumb"。

[②] 这三个表格均为全部样本估计,时间跨度较长,因此即使采用滞后 5 阶或滞后 6 阶的工具变量,加上年度虚拟变量,仍然难免超过观测值个数。并且,如果不计入年度虚拟变量,那么表 4-6 和表 4-10 中估计的工具变量个数均不会超过观测值个数。表 4-11 和表 4-12 如果不在 xtabond2 命令中加入"collapse"选项以合并工具变量矩阵,工具变量个数会超出观测值个数太多,即使表 4-11 和表 4-12 如此处理,表 4-13 的估计结果也验证了它们估计的稳健性。

的 Hansen 检验统计值和 Abond 检验统计值均不显著[①]，即系统 GMM 估计的上述两个检验都应该接受原假设，这说明本节使用系统 GMM 估计的实证结果是可以接受的。

4.2.2.2 全部样本的实证结果分析

表 4-6 的实证结果是基于所有解释变量内生所做的计量分析。以表 4-6 中计量模型(1)为基准计量模型，其实证结果表明，就全国范围而言，市场一体化的深化可以显著扩大地区间的生产率差距，这与本节理论模型得到的结果相符。除此之外，地区间人口规模差距增加也会扩大地区间的生产率差距，即人口规模越大的地区，生产率会提高得越快，这也与前文的分析相符。但是实证结果同时表明地区间对外开放度差距的扩大反而会显著缩小地区间的生产率差距，这说明对外开放对生产率的推动作用并不如前两个因素显著。

为了确保实证结果的稳健性，表 4-6 同时估算了实证模型中两个核心变量在不同计算方法下所得指标的计量结果，即在 3 种 TFP 指标以及 2 种市场分割指标下，另外 5 种情形的检验结果，具体结果见表 4-6 中计量模型(2)—(6)。由这些检验结果可知，市场分割指标的系数全部显著为负，而人口规模差距指标的系数全部显著为正，对外开放度差距指标的系数全部显著为负。可见，表 4-6 中基准计量模型(1)的估计结果具有较强的稳健性，理论模型中得到的主要结论"市场一体化可以扩大地区间生产率差距"，在实证检验中不但成立，而且较为稳健。

除了利用主要指标的不同计算方式来验证实证结果的稳健

[①] 表 4-10 中计量模型(6)和表 4-13 中计量模型(3)AR(2)检验的 P 值均超过 9%，可以认为是不显著的，而表 4-12 中计量模型(6)AR(2)检验的 P 值超过 5%，也是可以接受的。

表 4-6 全部样本实证结果(控制变量内生)

变量	$segregation_1$			$segregation_2$		
	(1) $\ln tfp_1$	(2) $\ln tfp_2$	(3) $\ln tfp_3$	(4) $\ln tfp_1$	(5) $\ln tfp_2$	(6) $\ln tfp_3$
$\ln segregation_1$	−0.0104*** (−8.65)	−0.0107*** (−9.29)	−0.00481*** (−8.91)			
$\ln segregation_2$				−0.00923*** (−8.97)	−0.00952*** (−8.78)	−0.00430*** (−8.61)
$\ln h_i$	0.114 (1.08)	0.0145 (0.14)	0.0583 (1.15)	0.220* (1.96)	0.0933 (0.96)	0.101* (1.95)
$\ln l_i$	0.0789*** (2.77)	0.0926*** (4.26)	0.0254*** (2.67)	0.0652*** (3.39)	0.0882*** (4.51)	0.0217** (2.51)
$\ln open_i$	−0.0487*** (−2.71)	−0.0503*** (−3.36)	−0.0369*** (−5.07)	−0.0488*** (−2.68)	−0.0510*** (−3.40)	−0.0364*** (−4.72)

续表 4-6

变　量	segregation$_1$			segregation$_2$		
	(1) $\ln tfp_1$	(2) $\ln tfp_2$	(3) $\ln tfp_3$	(4) $\ln tfp_1$	(5) $\ln tfp_2$	(6) $\ln tfp_3$
控制年度效应	是	是	是	是	是	是
Arellano-Bond test for AR(2)	-0.62	0.01	-1.57	-0.79	0.04	-1.46
AR(2)检验 P 值	0.536	0.989	0.116	0.427	0.966	0.146
Hansen test	64.69	63.62	63.02	62.61	60.84	62.83
Hansen 检验 P 值	0.717	0.749	0.766	0.777	0.823	0.771
样本数量	845	845	845	845	845	845

注：①对应 $gtfp_1$、$gtfp_2$ 以及 $gtfp_3$ 的人力资本差距、人口规模差距以及对外开放度差距变量分别为：gh_1、gl_1 以及 $gopen_1$，gh_2、gl_2 以及 $gopen_2$，gh_3、gl_3 以及 $gopen_3$，即表格中每一列对应着 $gtfp_1$、$gtfp_2$ 以及 $gtfp_3$ 的控制变量的下标 i 分别为 1、2、3；②***、**、* 分别表示在 1%、5%、10% 的显著性水平下显著；③所有参数估计值均为两阶段稳健性 [经过 Windmeijer(2005) 的修正] 系统 GMM 估计值，括号中为 z 检验统计量；④AR(2) 检验是对一阶差分后的残差进行二阶序列相关性检验得到的 P 值；⑤Hansen 检验 P 值表示对工具变量的合理性进行过识别检验得到的 Hansen 统计量对应的 P 值；⑥本表中所有结果均为生变量内生的假设下得到，选取内生变量滞后5阶的水平差分项作为其差分项的工具变量，同时用内生变量超过观测值个数(65个)，但是结合所有计量模型 Hansen 检验的 P 值并未达到 1.0000，并且当调整滞后阶数，如滞后4阶、6阶或7阶，仍然可以得到十分接近的结果，因此如此设定滞后阶数也是可行的。

性,本节还计算了所有控制变量外生情况下的检验结果,与表4-6的结果对比可以进一步确保表4-6所得结果的稳健性,具体结果见表4-7。此时市场分割指标的系数依然全部显著为负,人口规模差距指标的系数依然全部显著为正,对外开放度差距指标的系数依然全部显著为负,不过表4-7中计量模型(3)和模型(6)中市场分割的估计系数要明显高于表4-6的估计结果。虽然表4-7的结果与表4-6相似,而且表4-7的估计结果还要好于表4-6的估计结果,不过考虑到:①由于宏观经济变量之间普遍存在双向因果关系,会使其难以避免地存在内生性,越来越多的文献都开始将解释变量视为内生变量,并用差分或系统GMM估计予以处理,如连玉君和苏治(2008)、连玉君(2010)、彭向和蒋传海(2011)等;②如果表4-7中计量模型(3)和模型(6)的估计结果是稳健的,那么类似于表4-10中,加入分时间段虚拟变量与市场分割指标的交互变量,表4-10中计量模型(3)和模型(6)的估计结果应该与表4-7中的相似。然而,在估计结果中,交互变量均不显著[①],两个市场分割指标的系数分别为-0.005 07和-0.004 47,且都在1%的显著性水平下显著,两者的估计值与表4-7相差较远,反而与表4-6以及表4-10较为接近。因此,表4-7的估计结果虽然好于表4-6,但是稳健性要相对弱于表4-6。基于以上两个原因,本节认为将解释变量作为内生变量,是一个较为合理的处理方法,所得估计结果也更为稳健和可信。

正如上述分析,地区间人口规模差距的系数显著为正,地区间对外开放度差距的系数却显著为负,存在明显的区别。不过,对外开放度差距的扩大会显著缩小地区间的生产率差距,这并不意味

[①] 估计结果A和B是一样的,且这个估计结果被省略了。

表 4-7 全部样本实证结果（控制变量外生）

变 量	$segregation_1$			$segregation_2$		
	(1) $\ln gtfp_1$	(2) $\ln gtfp_2$	(3) $\ln gtfp_3$	(4) $\ln gtfp_1$	(5) $\ln gtfp_2$	(6) $\ln gtfp_3$
$\ln segregation_1$	−0.0113*** (−10.69)	−0.0112*** (−11.07)	−0.0113*** (−10.96)			
$\ln segregation_2$				−0.0101*** (−11.85)	−0.009 94*** (−10.56)	−0.0100*** (−11.00)
$\ln h_i$	0.0971* (1.75)	0.0948* (1.85)	0.0687 (1.34)	0.148** (2.52)	0.111** (2.09)	0.107** (1.97)
$\ln l_i$	0.0428*** (3.98)	0.0644*** (5.30)	0.0412*** (3.56)	0.0417*** (4.06)	0.0660*** (6.49)	0.0415*** (3.67)
$\ln gopen_i$	−0.0469*** (−4.71)	−0.0457*** (−4.38)	−0.0494*** (−5.05)	−0.0444*** (−4.53)	−0.0474*** (−4.71)	−0.0478*** (−4.83)
控制年度效应	是	是	是	是	是	是
Arellano-Bond test for AR(2)	−0.81	−0.53	−0.90	−0.10	−0.13	−0.25
AR(2)检验 P 值	0.418	0.599	0.367	0.918	0.900	0.800
Hansen test	61.66	62.68	63.52	62.70	61.59	63.70
Hansen检验 P 值	0.416	0.381	0.353	0.381	0.419	0.348
样本数量	845	845	845	845	845	845

注：①—⑤同表4-6；⑥本表变量、本表中所有结果均在市场分割指标内生、其他3个控制变量外生的假设下得到，选取内生变量滞后2~5阶的水平项作为其差分项的工具变量，同时用内生变量滞后1阶的差分项作为其水平项的工具变量，如此选择得到的工具变量总数为64个，以保证其尽量不超过或接近观测值个数（65个）。

着对外开放度的增加不能提高当地的生产率,只是说明其对生产率的推动作用不如前两个因素显著。原因可能在于:其一,中国的出口产业往往是低端制造业,这类产业由集聚规模扩大所带来的技术外部性有限,难以大幅提升整个产业的生产率,导致产业密集区域与产业集聚程度较低区域之间的生产率差距并不大;其二,进口品虽然可以通过物化型技术进步大幅提升当地的技术水平,但是物化型技术进步并不包含在全要素生产率之内,而且,在利用进口设备时,沿海与内地的差别可能不是太大,内地的资本体现式技术进步或物化型的技术进步并不必然低于沿海(赵志耘等,2007);其三,中国与世界技术前沿间存在较大的技术差距,而这可能阻碍了中国对进口产品所含国外先进技术的有效吸收,Crespo、Martín 和 Velázquez(2002)就认为,若技术落后国与技术领先国的初始技术差距越来越大,虽然此时潜在的国际技术扩散的空间也会越大,但是技术吸收和技术追赶的难度也会随之增加,因此就对进口产品所含技术的有效吸收程度而言,不同地区间的差别可能并不大。

4.2.2.3 样本分时间段的实证结果分析

从 2006 年左右开始,中国经济发展不断加速,同时市场一体化进程、特别是相邻省份间的市场一体化进程也不断深化[①]。因此,本节尝试将样本分成 2000—2005 年和 2006—2012 年两个时间段,既检

[①] 这是由于:第一,国内陆续出现了较多的城市群或城市圈,如位于单个省份的武汉城市圈、长株潭城市群、中原城市群等,分布于相邻省份间的长江中游城市群、成渝城市群等,如同较早出现的长三角、珠三角,这些城市群或城市圈出现的主要目的是加快经济在某些基础较好的城市优先集聚,主要措施之一就是加快城市群或城市圈内的市场一体化进程,而无论是单个省份内城市群或城市圈(是邻近省份间城市群构建的基础)的市场一体化,还是相邻地区间城市群的市场一体化,都会大幅降低邻近省份间市场分割的程度;第二,随着动车和高铁接连开通,贯穿中国的高铁网络逐步形成,人员与货物的运输更为便捷,中国各地区之间,特别是邻近省份间的一体化程度大为提升。

验不同时间段"市场一体化扩大地区间生产率差距"是否依然成立，判断主要结论的稳健性如何，也试图寻找两个时间段之间实证结果的可能差异。位于 2000—2005 年间样本的实证结果见表 4-8，其与表 4-6 的结果非常类似：市场分割指标系数显著为负，人口规模差距指标系数显著为正，对外开放度差距指标系数显著为负。

位于 2006—2012 年间样本的实证结果见表 4-9，其与表 4-8 的结果的差别在于：市场分割指标系数仍然显著为负，不过人力资本差距指标系数显著为正。考虑到表 4-9 中有 3 个计量模型的对外开放度差距指标系数并不显著，故而不能认为"对外开放度差距指标系数显著为负"这个结论是稳健的。因此，可以得到以下结论。

(1)在不同时间段，"市场一体化会扩大地区间生产率差距"的结论同样成立，这也进一步说明了这个结论具有一定的稳健性，通过对比表 4-6、表 4-8 以及表 4-9 中市场分割指标的系数，发现这三者无显著差异，即随着样本时间段的改变，市场一体化对生产率差距的作用具有一定的稳定性。为了进一步对此进行验证，本节构建了一个虚拟变量 Xu，当样本位于 2000—2005 年时为 1，反之为 0，交互变量 $Xu-lnsegregation$ 为对应市场分割指标与虚拟变量的乘积，而后将 $Xu-lnsegregation$ 放入回归方程中，由表 4-10 可知它的系数均不显著，说明随着样本时间段的改变，市场一体化对生产率差距的作用无显著差别。

(2)在 2000—2005 年，人口规模的增加可以通过促进产业集聚来强化产业技术外部性，进而扩大地区间生产率差距。但是在 2006—2012 年，人力资本对技术进步的贡献更为凸显，人力资本差距的增加会显著扩大地区间的生产率差距，即随着经济的发展，相对于人口规模，人力资本对生产率的作用会更为重要。

(3)同样，随着年度增加，对外开放度差距指标系数由显著为

表 4-8 样本分时间段的实证结果（2000—2005 年）

变量	$segregation_1$			$segregation_2$		
	(1) $\ln gtfp_1$	(2) $\ln gtfp_2$	(3) $\ln gtfp_3$	(4) $\ln gtfp_1$	(5) $\ln gtfp_2$	(6) $\ln gtfp_3$
$\ln segregation_1$	−0.0108***① (−8.04)	−0.0108*** (−7.28)	−0.00480*** (−6.75)			
$\ln segregation_2$				−0.009 40*** (−7.68)	−0.009 59*** (−7.97)	−0.004 21*** (−7.53)
$\ln gh_i$	−0.0563 (−1.62)	−0.0342 (−0.83)	−0.008 83 (−0.36)	−0.0229 (−0.54)	−0.003 03 (−0.09)	0.008 38 (0.41)
$\ln gl_i$	0.0635*** (3.31)	0.0799*** (4.11)	0.0153 (1.62)	0.0751*** (4.73)	0.0891*** (5.52)	0.0206** (2.75)
$\ln gopen_i$	−0.0692*** (−5.16)	−0.0661*** (−4.76)	−0.0590*** (−7.76)	−0.0645*** (−4.76)	−0.0623*** (−4.42)	−0.0535*** (−8.65)
控制年度效应	是	是	是	是	是	是
Arellano−Bond test for AR(2)	−0.21	−0.07	−0.95	0.51	0.41	−1.49
AR(2) 检验 P 值	0.832	0.944	0.341	0.609	0.684	0.135
Hansen test	52.59	60.73	62.63	58.08	55.13	60.14
Hansen 检验 P 值	0.641	0.343	0.283	0.435	0.546	0.363
样本数量	390	390	390	390	390	390

注：①—⑤同表4-6；⑥本表中所有结果均在所有解释变量内生的假设下得到，选取内生变量滞后2～5阶的水平项作为其差分项的工具变量，同时用内生变量滞后1阶的差分项作为其水平项的工具变量，如此选择得到的工具变量总数为61个，以保证其尽量不超过或接近观测值个数（65个）。

① 本行中第一个"−0.0108"估计系数完整估计值应该为−0.010 7788，第二个"−0.0108"估计系数完整估计值应该为−0.010 837。

表 4-9 样本分时间段的实证结果（2006—2012 年）

变量	$segregation_1$			$segregation_2$		
	(1) $\ln tfp_1$	(2) $\ln tfp_2$	(3) $\ln tfp_3$	(4) $\ln tfp_1$	(5) $\ln tfp_2$	(6) $\ln tfp_3$
$\ln segregation_1$	−0.0111***	−0.0110***	−0.005 34***			
	(−8.84)	(−8.52)	(−7.92)			
$\ln segregation_2$				−0.009 92***	−0.009 55***	−0.004 56***
				(−7.29)	(−7.06)	(−6.01)
$\ln h_i$	0.493***	0.412***	0.168*	0.512***	0.444**	0.161*
	(3.17)	(2.70)	(1.84)	(3.05)	(2.51)	(1.71)
$\ln l_i$	0.0222	0.0497*	0.002 84	0.007 86	0.0400	−0.004 21
	(0.61)	(1.77)	(0.22)	(0.31)	(1.45)	(−0.33)
$\ln open_i$	−0.0276*	−0.0254	−0.0225***	−0.0351	−0.0424	−0.0351**
	(−1.66)	(−1.22)	(−2.75)	(−1.35)	(−1.24)	(−2.52)
控制年度效应	是	是	是	是	是	是
Arellano-Bond test for AR(2)	−0.73	−0.65	−0.98	0.04	−0.20	−0.17
AR(2)检验 P 值	0.465	0.517	0.329	0.964	0.839	0.865
Hansen test	64.34	60.70	62.07	57.00	62.67	59.33
Hansen 检验 P 值	0.264	0.379	0.333	0.513	0.314	0.427
样本数量	455	455	455	455	455	455

注：①—⑤同表4-6；⑥本表中所有结果均为在所有解释变量内生的假设下得到，选取内生变量滞后2~3阶的水平项作为其差分项的工具变量，同时用内生变量滞后1阶的差分项作为其水平项的工具变量，如此选择得到的工具变量总个数为62个，以保证其尽量不超过或接近观测值个数（65个）。

表 4-10 全部样本的实证结果（加入分时间段虚拟变量与市场分割指标的交互变量）

变量	$segregation_1$			$segregation_2$		
	(1) $\ln tfp_1$	(2) $\ln tfp_2$	(3) $\ln tfp_3$	(4) $\ln tfp_1$	(5) $\ln tfp_2$	(6) $\ln tfp_3$
$\ln segregation_1$	-0.0111*** (-9.21)	-0.0104*** (-7.98)	-0.00471*** (-7.40)			
$Xu - \ln segregation_1$	-0.000 411 (-0.49)	-0.000 482 (-0.53)	-0.000 450 (-1.18)			
$\ln segregation_2$				-0.009 40*** (-9.63)	-0.009 36*** (-7.86)	-0.004 11*** (-7.07)
$Xu - \ln segregation_2$				0.000 668 (0.90)	0.000 565 (0.74)	-0.000 043 7 (-0.14)
$\ln h_i$	0.0664 (0.67)	-0.0154 (-0.16)	0.0628 (1.40)	0.225* (1.68)	0.175 (1.46)	0.117** (2.13)
$\ln l_i$	0.0717*** (2.62)	0.0803*** (3.83)	0.0234** (2.55)	0.0710*** (3.21)	0.0901*** (4.24)	0.0239*** (2.64)
$\ln open_i$	-0.0417** (-2.04)	-0.0467** (-2.04)	-0.0356*** (-4.31)	-0.0484*** (-2.90)	-0.0496** (-2.51)	-0.0352*** (-4.01)

续表 4-10

变量	$segregation_1$			$segregation_2$		
	(1) $\ln gtfp_1$	(2) $\ln gtfp_2$	(3) $\ln gtfp_3$	(4) $\ln gtfp_1$	(5) $\ln gtfp_2$	(6) $\ln gtfp_3$
控制年度效应	是	是	是	是	是	是
Arellano–Bond test for AR(2)	−0.59	0.19	−1.53	−0.60	−0.66	−1.68
AR(2)检验 P 值	0.557	0.850	0.125	0.550	0.511	0.094
Hansen test	59.76	53.95	60.81	64.73	64.58	60.58
Hansen 检验 P 值	0.627	0.811	0.590	0.451	0.456	0.598
样本数量	845	845	845	845	845	845

注：①—⑤同表4-6；⑥本表中所有结果均在所有解释变量内生的假设下得到，选取内生变量潜后6阶的水平项作为其差分项的工具变量，同时用内生变量潜后5阶的差分项作为其水平项的工具变量，如此选择得到的工具变量总个数为69个，虽然工具变量个数超过观测值个数（65个），但是结合所有计量模型 Hansen 检验的 P 值并未达到1.0000，并且当调整潜后阶数，如潜后5阶或7阶，仍然可以得到十分接近的结果，因此如此设定潜后阶数也是可行的。

负变为不显著[计量模型(2)、(4)、(5)的系数不再显著,而且计量模型(1)中系数对应的 P 值已经很接近 10%],这说明,随着经济的发展,对外开放对技术进步的作用可能更加重要,或者说,经济发展程度越高的地区,对国际技术溢出的吸收越为显著。

4.2.2.4 样本分类别的实证结果分析

为了进一步区别相邻地区间经济发展差异对实证结果的可能影响,本节将所有样本分为两大类,即 2000—2012 年间劳均产出均值的比值较小的 32 对相邻地区,和劳均产出均值的比值较大的 33 对相邻地区,前一类样本的经济发展差异要小于后一类样本。由表 4-11 和表 4-12 的估计结果可知,市场分割指标的系数均显著为负数,但是表 4-12 中市场分割指标系数的绝对值都要明显大于表 4-11 中市场分割指标系数的绝对值。

为了进一步验证不同类别下,市场分割指标的系数是否有显著差异,本节同样构建了一个虚拟变量,当样本位于劳均产出均值的比值较大的 33 对相邻地区时为 1,反之为 0。交互变量 $Xu\text{-}lnsegregation$ 为对应市场分割指标与虚拟变量的乘积,而后将 $Xu\text{-}lnsegregation$ 放入回归方程中,由表 4-13 可知它的系数均显著为负。这意味着,相邻地区间的经济发展差异越大,同等程度的市场一体化深化对生产率差距扩大的贡献也会越大,可能的原因在于,市场一体化放大了原有经济优势所带来的集聚力,而且经济差异越大,这种放大效应会越明显。

对比表 4-6、表 4-10 以及表 4-13 中的实证结果,可以发现地区间人口规模差距的系数均显著为正,地区间对外开放度差距的系数均显著为负[①],这也进一步验证了在利用全部样本的情况

[①] 表 4-9 中 6 个计量模型有 5 个计量模型对外开放度差距指标的系数显著为负,可以认为具有一定的稳健性。

表 4-11 样本分类别的实证结果(劳均产出均值的比值较小的 32 对相邻地区)

变量	$segregation_1$			$segregation_2$		
	(1) $\ln gtfp_1$	(2) $\ln gtfp_2$	(3) $\ln gtfp_3$	(4) $\ln gtfp_1$	(5) $\ln gtfp_2$	(6) $\ln gtfp_3$
$\ln segregation_1$	-0.008 39***	-0.009 19***	-0.004 01***			
	(-6.80)	(-5.53)	(-5.48)			
$\ln segregation_2$				-0.007 56***	-0.008 08***	-0.003 97***
				(-5.59)	(-4.07)	(-4.29)
$\ln h_i$	0.0107	0.007 88	0.0120	-0.0605	-0.0974	-0.0188
	(0.09)	(0.08)	(0.33)	(-0.54)	(-0.80)	(-0.53)
$\ln l_i$	0.0296	0.0265	0.001 25	0.0262	0.0500	-0.008 29
	(0.98)	(0.71)	(0.08)	(0.92)	(0.94)	(-0.40)
$\ln open_i$	-0.0574	-0.0879**	-0.0310*	-0.0734***	-0.0650***	-0.0290**
	(-1.43)	(-2.55)	(-1.70)	(-2.87)	(-2.65)	(-1.96)
控制年度效应	是	是	是	是	是	是
Arellano-Bond test for AR(2)	0.76	0.98	0.67	0.94	0.87	0.84
AR(2)检验 P 值	0.448	0.328	0.505	0.346	0.384	0.398
Hansen test	30.41	29.91	30.25	31.21	28.93	29.96
Hansen 检验 P 值	0.344	0.368	0.352	0.308	0.416	0.365
样本数量	416	416	416	416	416	416

注:①—⑤同表4-6;⑥本表中所有结果均在所有解释变量内生的假设下得到,选取内生变量滞后2~5阶的水平项作为其差分项的工具变量,同时用内生变量滞后1阶的差分项作为其水平项的工具变量,并目将工具变量合并(在 xtabond2 命令中加入"collapse"选项),如此选择得到的工具变量总量不超过或接近观测值个数(32个),以保证其尽量不超过或接近观测值个数(32个)。

4 中国制造业集聚的动力机制——企业异质与产业集聚互动的视角

表 4-12 样本分类别的实证结果（劳均产出均值的比值较大的 33 对相邻地区）

变量	$segregation_1$			$segregation_2$		
	(1) $lngtfp_1$	(2) $lngtfp_2$	(3) $lngtfp_3$	(4) $lngtfp_1$	(5) $lngtfp_2$	(6) $lngtfp_3$
$lnsegregation_1$	−0.0158*** (−6.43)	−0.0177*** (−6.68)	−0.00659*** (−5.69)			
$lnsegregation_2$				−0.0143*** (−6.53)	−0.0182*** (−6.80)	−0.00656*** (−5.83)
lnh_i	−0.0384 (−0.91)	−0.0354 (−0.74)	0.0192 (0.70)	0.0244 (0.56)	0.0205 (0.49)	0.0321 (1.66)
lnl_i	−0.0387 (−0.57)	−0.00746 (−0.12)	0.0204 (0.90)	−0.0247 (−0.41)	−0.00473 (−0.15)	0.0173 (0.75)
$lnopen_i$	−0.0486* (−2.45)	−0.0232 (−0.81)	−0.0443*** (−4.49)	−0.0363 (−1.36)	0.0302 (1.07)	−0.0332* (−2.12)
控制年度效应	是	是	是	是	是	是
Arellano - Bond test for AR(2)	−1.08	−1.22	−1.47	−0.59	−0.41	−1.80
AR(2)检验 P 值	0.281	0.224	0.142	0.557	0.684	0.072
Hansen test	31.06	30.96	32.58	28.94	23.30	30.44
Hansen 检验 P 值	0.315	0.319	0.252	0.416	0.718	0.343
样本数量	429	429	429	429	429	429

注：①—⑤同表4-6；⑥本表中所有结果均在所有解释变量内生的假设下得到，选取内生变量滞后2～5阶的水平项作为其差分项的工具变量，同时用内生变量滞后1阶的差分项作为其水平项的工具变量，并且将工具变量合并（在 xtabond2 命令中加入 "collapse" 选项），如此选择得到的工具变量总数为32个，以保证其尽量不超过或接近观测值个数（33个）。

表 4-13 全部样本的实证结果(加入分类别虚拟变量与市场分割指标的交互变量)

变量	$segregation_1$			$segregation_2$		
	(1) $\ln tfp_1$	(2) $\ln tfp_2$	(3) $\ln tfp_3$	(4) $\ln tfp_1$	(5) $\ln tfp_2$	(6) $\ln tfp_3$
$\ln segregation_1$	−0.007 51*** (−3.95)	−0.008 11*** (−4.70)	−0.003 54*** (−5.49)			
$Xu - \ln segregation_1$	−0.008 33** (−2.28)	−0.006 93** (−2.40)	−0.003 83*** (−2.93)			
$\ln segregation_2$				−0.005 33*** (−3.84)	−0.005 86*** (−3.91)	−0.002 79*** (−3.82)
$Xu - \ln segregation_2$				−0.008 58*** (−3.55)	−0.007 53*** (−2.92)	−0.004 20*** (−3.02)
$\ln h_i$	0.0380 (0.38)	0.008 24 (0.08)	0.0366 (0.79)	0.127 (1.32)	0.116 (1.11)	0.0424 (0.93)
$\ln l_i$	0.0879*** (3.58)	0.103*** (4.20)	0.0287*** (3.00)	0.0732*** (3.18)	0.0945*** (4.69)	0.0280*** (3.35)
$\ln open_i$	−0.0258 (−1.60)	−0.0299** (−2.19)	−0.0256*** (−3.59)	−0.0392** (−2.20)	−0.0401** (−2.20)	−0.0241*** (−3.09)

续表 4-13

变　量	segregation$_1$			segregation$_2$		
	(1) $\ln tfp_1$	(2) $\ln tfp_2$	(3) $\ln tfp_3$	(4) $\ln tfp_1$	(5) $\ln tfp_2$	(6) $\ln tfp_3$
控制年度效应	是	是	是	是	是	是
Arellano-Bond test for AR(2)	-1.01	-0.60	-1.68	-0.32	-0.60	-1.38
AR(2)检验 P 值	0.312	0.547	0.094	0.753	0.546	0.167
Hansen test	62.80	64.45	63.64	60.88	63.14	64.30
Hansen 检验 P 值	0.879	0.846	0.862	0.911	0.872	0.849
样本数量	845	845	845	845	845	845

注：①—⑤同表 4-6；⑥本表中所有结果均在所有解释变量内生的假设下得到，选取内生变量滞后 6 阶的水平项作为其差分项的工具变量，同时用内生变量滞后 5 阶的差分项滞后 5 阶水平项作为 Hansen 检验的工具变量，如此选择得到的工具变量总个数为 82 个，虽然工具变量个数超过观测值个数(65 个)，但是结合所有计量模型 Hansen 检验的 P 值并未达到 1.0000，并且当调整滞后阶数，如滞后 5 阶或 7 阶，仍然可以得到十分接近的结果，因此如此设定滞后阶数也是可行的。

下,表4-6所得结论的稳健性。

4.2.2.5 稳健性分析

本节的稳健性分析将分为以下5个层次。

(1)本节对计量模型中的核心指标,即生产率和市场分割指标,采用了不同的计算方法,由此验证了实证结果的稳健性。前文分析的结果都表明市场一体化的深化可以扩大地区间的生产率差距,说明实证结果具有相当的稳健性。

(2)通过分组回归验证实证结果的稳健性。分组检验包括分时间段检验和分类别检验,前者可以识别随着经济的发展和市场一体化进程的加速,原有结论是否显著;后者可以尽量分离相邻地区间的非对称性对计量结果准确性的影响,使计量模型与理论模型更加相符,也可以探讨随着经济发展差距的扩大,市场分割的系数是否有显著变化。分组检验结果不但说明本节得到的主要结论具有一定的稳健性,还说明随着样本时间段的改变,市场一体化对生产率差距的作用无显著差别;同时相邻地区间的经济发展差异越大,同等程度的市场一体化深化对生产率差距扩大的贡献也会越大。最后,本节通过加入虚拟变量与市场分割指标乘积的交互变量,进一步验证了分组检验结果的稳健性。

(3)利用不同的计量模型验证结果的稳健性。本节还估算了仅仅只添加市场分割指标,或者逐步添加控制变量,来验证结论的稳健性,结果表明市场分割指标的系数依然显著为负。

(4)运用多种估计方法验证结果的稳健性。本节除了采用二阶段的稳健性估计,还计算了全样本检验以及分组检验各个计量模型的稳健一阶段估计值,以及不做稳健性处理的估计值。结论同样说明本节需要验证的主要结论"市场一体化的深化可以扩大地区间的生产率差距"是显著成立的。

(5)在分组检验中,本节还尝试根据每对相邻地区所处的地理位置,将全国 65 对相邻地区(不含西藏)划分为内地组(39 对)、沿海组(13 对)以及沿海与内地交叉组(13 对),将全国样本分为内地组和沿海组,如此可以尽量降低相邻地区间的非对称性。对内地组的估计,以及对内地组和沿海组的混合估计,都验证了本节结论的稳健性。

综合上述分析可知,本节实证分析所要检验的主要结论,也即理论模型得到的结论:"市场一体化的深化可以扩大地区间生产率差距",不但是显著成立的,而且还具有很好的稳健性。

4.3 小结

第 2 章和第 3 章理论模型的结果表明,企业异质会影响产业集聚,而企业异质程度增加又意味着技术的进步。在控制变量的内生性之后,本章实证分析的结果表明,技术进步会促进中国制造业的集聚。接下来需要考虑的是,随着中国区域间贸易成本的下降和市场一体化的深化,地区间的技术差距是否随之扩大?如果答案是肯定的,那么市场一体化的深化会扩大地区间的生产率差距,结合技术进步会促进中国制造业的集聚,那么市场一体化的深化也会扩大中国各地区间制造业集聚程度的差异,进而扩大地区经济差距。

为了验证上述结论,本章用 2000—2012 年中国 65 对相邻省份间的相关数据对此进行了实证检验。通过计量模型的系统 GMM 估计,在保证检验结论稳健性的基础上,本章发现"市场一体化会扩大地区生产率差距"这个结论是成立的,同时本章还发现:①地区间人口规模差距的增加会显著扩大地区间的生产率差距,而对外开放度差距的增加会显著缩小地区间的生产率差距;②随着样本时间段的改变和经济的发展,市场一体化对生产率差距的作用无显著差别,但是经济发展水平越高,相对于人口规模,人力资本对生产率的作用会更为重要;③相邻地区间的经济发展差异越大,同等程度的市场一体化深化,生产率差距扩大的程度也会越大。

本章对上述结论的成因及其稳健性也做出了相应探讨。本章的结论还说明,在中国市场一体化不断深化的背景之下,缩小地区差距不能仅仅依赖于市场自身的调节,必要时还需要政府适当干预,积极促进地区间产业转移和技术扩散,进而缩小地区生产率差距,促进区域协调发展。

5 中国制造业集聚的效率演变机制——企业异质与产业集聚互动的视角

市场的不完全性会导致各种资源不能按照边际产出均等的原则在企业间配置,进而使更多的资源流向生产率较低的部门而非生产率更高的部门,从而带来资源的误置或资源配置效率的低下。现有文献主要是从政策扭曲(Restuccia,Rogerson,2008)、融资约束(Banerjee,Moll,2010)、加成率异质(Peters,2011)等角度分析资源误置的成因。在对资源误置的测算方面,现有文献主要是通过测算要素投入扭曲或测算 TFP 扭曲来测算资源误置的程度,而这两种关于资源误置的测算方法主要源自 Hsieh 和 Klenow(2009)。对于要素投入扭曲而言,Hsieh 和 Klenow(2009)给出了资本扭曲和产出扭曲的定义,不过 Hsieh 和 Klenow(2009)所定义的资本扭曲其实是资本相对于劳动的扭曲;对于 TFP 的扭曲而言,Hsieh 和 Klenow(2009)以及 Brandt 等(2012)分别定义了单部门与两部门情形下的 TFP 扭曲程度。较多文献对中国的资源误置情况展开了分析,Hsieh 和 Klenow(2009)认为如果资本和劳动能以边际产出均等的原则在企业间配置,中国制造业的 TFP 可以提高 30%～50%,聂辉华和贾瑞雪(2011)分析了中国制造业企业生产率与资源误置之间的关联,柏培文(2012)、盖庆恩等(2013)、龚关和胡关亮

(2013)等文献测算了中国要素市场扭曲的状况。

尽管上述文献对资源误置进行了较为全面的研究,但是通过仔细分析和梳理,还可以发现两个因素的存在,即主要利用微观企业数据以及主要采用延伸自 Hsieh 和 Klenow(2009)的测算方法,导致当前对资源误置的测算方法仍然存在3个关键问题较难解决。

(1)对资源误置的研究范围较窄。Banerjee 和 Moll(2010)认为资源误置主要来自于集约边际下的资源误置和扩展边际下的资源误置,而现有以企业数据为基础的测算方法主要是对集约边际下资源误置的测算。由于 Banerjee 和 Moll(2010)对资源误置二元边际下的分析将资源配置效率低下的主要因素都考虑在内,可能更加接近资源误置的本质。因此在分析资源配置效率时,可以尝试参考 Banerjee 和 Moll(2010)对集约边际下以及扩展边际下资源误置的定义,进而从上述二元边际下的视角分析制造业资源配置效率的演化机制。不过目前源自 Hsieh 和 Klenow(2009)的方法主要是对集约边际下资源误置程度的计算。

(2)部分来源的资源误置无法计算。由于企业数据为微观数据,故虽然可以计算资本和劳动投入扭曲对资源误置的影响,但是对于集约边际下引起资源误置的其他因素,如某些制度因素对资源误置的影响,难以准确测量;对于扩展边际下的资源误置,由下文扩展边际下资源误置的定义可知,难以直接计算扩展边际下资源误置的程度(Banerjee,Moll,2010),这主要是由于现有方法主要计算的是资源误置的程度,是一个关于资源配置效率的相对指标。而扩展边际下,当不存在资源误置时,所有潜在厂商对资源配置效率的影响难以衡量,因此扩展边际下资源误置的程度难以测算。不过上述分析也意味着,测算扩展边际下衡量资源配置效率绝对指标的跨期变化值,可能是分析扩展边际下资源配置问题的可行方法。

(3)缺乏可以解释资源误置形成的理论机制。现有以企业数据为基础的测算方法无法对资源误置产生的机制做出合理的解释,进而无法找出资源误置的具体机制。事实上,目前并没有一个完整而系统的理论框架来对资源误置做出解释(钱学锋,蔡庸强,2014),由此就难以识别中国制造业资源误置中存在的问题,也难以针对这些问题给出提高中国制造业资源配置效率的可行政策建议,故识别出资源误置的形成机制,可能是当前关于资源误置研究中迫切需要解决的一个问题。鉴于现有关于资源误置的理论都与企业的生产率异质紧密相关,因此从新新经济地理入手,可能是阐释资源误置形成机制的重要渠道。然而,当前结合企业数据的测算方法,无论是源自 Hsieh 和 Klenow(2009)的测算方法,还是类似于聂辉华和贾瑞雪(2011)通过对企业生产率进行分解来解释资源误置,都较难与新新经济地理相融合来解释资源误置的形成机制。

因此,如果继续采用企业数据以及延伸至 Hsieh 和 Klenow(2009)的方法来测算资源误置,就会难以处理上述 3 个问题。为此,本章尝试从分行业、分地区的数据入手来分析中国制造业省际间的资源配置情况,以求突破现有文献主要利用企业数据研究资源误置的上述限制;另外,由于扩展边际下的资源误置程度难以直接测算,因此本章尝试测算资源配置效率的变化或者资源配置效率改善的程度。本章的分析主线也从先前大多文献的"测算资源误置的程度"变为"测算资源配置优化或恶化的程度",即本章不是通过测算资源误置程度来分析资源配置情况,而是通过测算二元边际下省际间资源配置效率的演变来探讨资源配置的情况,这也可以在一定程度上体现资源配置所带来的福利效应的变化。

除了上述两点,若要解决上述 3 个问题,还有必要先弄清二元边际下制造业在省际间的资源配置优化应该如何定义？解决这个问题还须从二元边际下资源误置最初的定义入手。Banerjee 和 Moll(2010)对集约边际下资源误置的定义为，对于在生产中所用资本大于零的厂商而言，若其资本的边际产品不相等，就认为存在集约边际下的资源误置；Banerjee 和 Moll(2010)对扩展边际下资源误置的定义为，如果资本从一个厂商重新分配至另外一个与其边际产品相等的厂商或资本存量为零的厂商是可行的，而且这种资本的重新分配能够增加厂商的总产出，就认为存在扩展边际下的资源误置。不但如此，只有当生产函数存在非凸性或某些厂商资本存量为零，并且由此造成的资源误置不能为测量集约边际下资源误置的方法所识别，扩展边际下的资源误置才会存在。

可见，上述定义中集约边际下的资源误置也是大多数文献中资源误置的含义(Restuccia，Rogerson，2008；Hsieh，Klenow，2009)，对应的资源配置优化是指资源向边际产出更高的厂商流动，最后各个厂商的资本边际产出也会趋于收敛。不过此处先不考虑省际间资源重新分配带来的生产率的变化待下文分析，将"集约边际下省际间静态的资源配置优化"定义为：当各省份生产率不变时，资源向生产率更高的省份流动。接着可以发现，其对扩展边际下资源误置的定义主要是指，在将集约边际下的资源误置排除之后，总产出会随着资本的流动而增加，事实上是指部分潜在厂商会随着资本的重新分配而进入市场并提高了总产出。这种情况下整个经济体生产率的提升是结果，资本的重新分配是生产率提升的必要前提。然而，就省际之间的资源配置而言，某个省份生产率的提高完全可以是内生的，并不需要借助于省份之间资源的重新分配，而且资源所占份额越大的省份，由生产率提升带来的产出增加会更为显著。因此，本章对应将"扩展边际下省际间静态的资源配置优化"定义为:当各省份资源配置不变时,所占资源份额越大的省份生产率增加越多。最后,由于省际间资源重新分配和生产率增加之间可能存在交叉效应,即省际间资源重新分配与技术进步可能相互作用,如果这种相互作用是正向的,本章就将其定义为"二元边际下省际间动态的资源配置优化"。上述3个定义只是针对资源配置优化或资源配置效率改善的定义,反之,就是关于资源配置恶化或资源配置效率降低的定义。

基于上述分析,前文中关于资源误置的主要文献中所存在的3个问题,在本章中都可以得到较好解决。

(1)能够延伸资源误置的来源范围。由于扩展边际下资源误置本质上来源于研究范围内整个经济体生产效率的提升,因此利用分行业、分地区的宏观数据更加容易将扩展边际下的资源误置纳入分析框架之中。除此之外,本章还会将集约边际下与扩展边际下资源误置的动态交叉效应也考虑进来。事实上,扩展边际下的资源误置将内生的技术进步考虑进来,可能对分析资源配置效率的演变更为重要。

(2)可以测算二元边际下资源配置效率的变化,并探讨资源配置情况的动态变化。由于难以测算扩展边际下资源误置的程度,因此本章从测算扩展边际下资源配置效率的变化值入手,这也是探讨扩展边际下资源配置问题更为可行的方法。另外,由 Banerjee 和 Moll(2010)对扩展边际下资源误置的最初定义可知,基于企业框架的扩展边际下资源误置难以测算,主要是因为当前经济体中潜在的企业难以度量。而在利用宏观数据时,这个问题却可能得到解决:首先 OP 协方差可以用于资源误置的测算(Olley,Pakes, 1996;聂辉华和贾瑞雪,2011;Bartelsman et al,2013;Melitz,Polanec,2014),且 OP 协方差是一个关于资源配置效率的水平测度值,因此可以尝试利用 OP 协方差的公式和现有关于生产率的分解方法,结合分行业、分地区的相关数据,对 OP 协方差的变化值予以分解。而由下文的分析可知,上述分解得到的各项实际上为省际间集约边际下以及扩展边际下资源配置效率的变化值,如此可以将省际间资源误置的两大来源对资源配置效率的动态影响分解出来。除此之外,由于当前文献中关于资源误置的测算指标是某个时刻的相对指标,因此与其相比,直接测算资源误置效率的变化值,更加适宜用于分析资源配置实际情况的动态变化。

(3)结合新新经济地理理论,可以更好地阐释二元边际下资源误置的来源。由于本章是利用分行业、分地区的宏观数据而非企业的微观数据,因此分解的结果更容易与新新经济地理相匹配,进而为构建可以解释资源误置形成的理论机制创造条件。由下文的分析可知,本章将二元边际下资源配置效率变化的来源归因于产业集聚与生产率异质的互动作用,其中:"扩展边际下省际间静态的资源配置效率变化"来自不同地区产业集聚对生产率异质的作用差异,或者说来自不同地区产业集聚的技术外部性差异;"集约边际下省际间静态的资源配置效率变化"来自不同地区生产率异质对产业集聚的作用差异;"二元边际下省际间动态的资源配置效率变化"来自产业集聚与生产率异质性的动态交叉作用。

除此之外,本章的重点还在于合适估计分行业、分地区的制造业面板数据,进而估算出中国制造业分行业、分地区的生产率,关键在于准确估算投入和产出数据。现有文献主要是对工业、行业、分行业的投入产出数据进行了估算,如黄勇峰等(2002)、朱钟棣和李小平(2005)、陈勇和李小平(2006)、李小平等(2008)、任若恩和孙琳琳(2009)、陈诗一(2011)等。然而,详细估算分行业、分地区投入产出面板数据的文献还较为少见,本章对其进行了适当的估算。

本章的主要贡献在于：现有文献主要分析产业内企业间集约边际下资源配置情况，而本章基于构建的分行业、分地区的面板数据，分析了制造业省际间二元边际下资源配置效率的演化，并结合新新经济地理理论对资源配置效率或产业集聚效率的形成机制做出了合理阐释，识别出了中国制造业省际间资源配置效率的实际演化路径，这有利于对中国当前区域产业政策以及产业集聚的效率做出恰当评价。

本章的框架结构如下：首先就二元边际下省际间制造业资源配置效率的演化机制展开分析；接着是估计分行业、分地区制造业的生产率；进而再对中国制造业省际间资源配置效率展开实证分析，探讨中国制造业省际间资源配置效率的实际演化路径；最后是本章简要结论。

5.1 二元边际下省际间制造业资源配置效率的演化机制

5.1.1 省际间制造业资源配置效率的分解

本章首先用 OP 协方差计算中国制造业省际间资源配置的效率，所采用的方法来自 Olley 和 Pakes(1996)对行业生产率的分解，具体的分解方程为：

$$\Phi_t = \sum_i \mu_{it}\rho_{it} = \bar{\rho}_t + \sum_i (\mu_{it} - \bar{\mu}_t)(\rho_{it} - \bar{\rho}_t) \qquad (5-1)$$

最初的 OP 分解方程中行业的基本单位为企业，而本章主要是探讨行业在省际间资源配置的效率，因此本章 OP 分解方程中行业的基本单位为地区。其中，μ_{it} 表示某地区在行业中的份额；ρ_{it} 表示某地区该行业的生产率，参考聂辉华和贾瑞雪(2011)、Bartelsman 等(2013)，下文在计算时也将生产率取对数；$\bar{\mu}_t$ 和 $\bar{\rho}_t$ 分别表示各个地区在行业中所占份额的均值和各个地区该行业生产率的均值。式(5-1)中的 $\sum_i \mu_{it}\rho_{it}$ 表明行业总生产率 Φ_t 是利用行业内所有地区产业份额对各个地区的生产率加权得到,而式(5-1)第三项中的 $\sum_i (\mu_{it}-\overline{\mu_t})(\rho_{it}-\overline{\rho_t})$ 表示该行业地区所占份额与地区生产率的协方差,即为 OP 协方差。其意味着:如果资源能够实现优化配置,那么行业内生产率越高的地区应该得到更多的资源,因此如果 OP 协方差越低,表明省际间资源配置的效率越低,资源误置越严重;反之,如果 OP 协方差越高,表明省际间资源配置的效率越高。如果 OP 协方差为正数,说明总体而言,省际间资源的配置是有效的,而当 OP 协方差为负数时,意味着产业份额小的地区 TFP 反而大,因此资源应该向份额小的地区流动,从而使负数减小或者份额增加到足以使 OP 协方差变为正数。故资源配置优化不一定是资源继续向产业集聚程度高的地区流动,也可以是向产业集聚规模较小的地区流动,但是都是向生产率更高的地区流动。

虽然 OP 协方差可以简洁地判断省际间资源配置的有效性,但是如果分析只是止于此,那么就类似于直接测量全要素生产率的损失,无法分析资源配置效率大小的形成因素,而现有文献主要利用 OP 协方差直接测度资源配置总的有效程度,不足之处在于没有对资源配置效率的动态变化进行进一步的分解,从而无法探究资源配置效率低下或资源误置的来源。在 Hsieh 和 Klenow(2009)、Brandt 等(2012)对全要素生产率损失或扭曲的测算中,由于测算生产率损失的指标都是相对指标,且是较为复杂的指数形式,这都制约了对其进行适宜分解,而 OP 协方差的公式相对简单,意味着有可能对其变化进行进一步的恰当分解,如此可以更为细致地分析资源配置效率的演化过程。

那么,应该如何入手对 OP 协方差的变化进行分解? 考虑到对行业生产率分解的公式不止公式(5-1),Baily 等(1992)、Griliches 和 Regev(1995)都对行业生产率的增加值进行了分解,因此可以与这两个分解公式相结合对 OP 协方差的变化进行分解。这两种分解方式与公式(5-1)相同的是,组成行业的基本单位都是企业;不同的是,两者都考虑了企业的进入和退出对行业生产率变化的影响。然而,本章主要分析省际间的资源配置效率,组成行业的基本单位为地区而非企业,因此可以不用在分解公式中考虑进入和退出对生产率的影响,如此,Baily 等(1992)的分解方程就变为:

$$\Delta \Phi_t = \sum_i \mu_{it-1} \Delta \rho_{it} + \sum_i \rho_{it-1} \Delta \mu_{it} + \sum_i \Delta \mu_{it} \Delta \rho_{it} \quad (5-2)$$

若将 OP 协方差简写为 OP_t,那么由式(5-1)可以得到:

$$\Delta \Phi_t = \Delta \bar{\rho}_t + \Delta OP_t \quad (5-3)$$

结合式(5-2)式和式(5-3)可以得到:

$$\Delta OP_t = \left(\sum_i \mu_{it-1} \Delta \rho_{it} - \Delta \bar{\rho}_t \right) + \sum_i \rho_{it-1} \Delta \mu_{it} + \sum_i \Delta \mu_{it} \Delta \rho_{it} \quad (5-4)$$

可见,上式也将 OP 协方差的变化或者省际间资源配置效率的变化值分解成为3个组成部分,但是,为了使各个部分蕴含的经济学含义更为直观,还需进一步对上式进行调整。首先,由于分析省际间资源配置效率时不用考虑进入和退出的问题,因此每个行业所在地区数量不会随时间变化,若 N_t 为时刻 t 行业 i 所在地区的数量,那么 $\Delta \bar{\rho}_t$ 可以进一步变为:

$$\Delta \bar{\rho}_t = \frac{\sum_i \rho_{it}}{N_t} - \frac{\sum_i \rho_{it-1}}{N_{t-1}} = \frac{\sum_i \Delta \rho_{it}}{N_{t-1}} = \sum_i \bar{\mu}_{t-1} \Delta \rho_{it} \quad (5-5)$$

同样,由于每个行业所在地区数量不随时间变化,且 $\sum_i \Delta \mu_{it} = 0$,故有:

$$\sum_i \rho_{it-1} \Delta \mu_{it} = \sum_i (\rho_{it-1} - \Phi_{t-1}) \Delta \mu_{it} \qquad (5-6)$$

将上述两式代入公式(5-4)中,可以得到:

$$\Delta OP_t = \sum_i (\mu_{it-1} - \bar{\mu}_{t-1}) \Delta \rho_{it} + \sum_i (\rho_{it-1} - \Phi_{t-1}) \Delta \mu_{it}$$
$$+ \sum_i \Delta \mu_{it} \Delta \rho_{it} \qquad (5-7)$$

按照引言中对集约边际下以及扩展边际下资源误置的定义,可以将式(5-7)中分解得到的 3 项与集约边际下的资源配置效率改善程度及扩展边际下的资源配置效率改善程度联系起来:第一项为"扩展边际下省际间静态的资源配置效率变化",第二项为"集约边际下省际间静态的资源配置效率变化",第三项为"二元边际下省际间动态的资源配置效率变化"。

接下来考虑能否直接将 ΔOP_t 分解为集约边际下以及扩展边际下资源配置效率的增加值?参考 Griliches 和 Regev(1995)对生产率变化值的分解方法,由于此时分析制造业省际间的生产率变化,因此不需考虑企业的进入和退出,Griliches 和 Regev(1995)的分解公式为[①]:

$$\Delta \Phi_t = \sum_i \bar{\mu}_{it} \Delta \rho_{it} + \sum_i (\bar{\rho}_{it} - \bar{\Phi}_t) \Delta \mu_{it} \qquad (5-8)$$

式中,$\bar{\mu}_{it}$、$\bar{\rho}_{it}$、$\bar{\Phi}_t$ 以及下式中的 $\bar{\mu}_t$ 为对应指标期初和期末的平均值或上一期和当期的平均值,按照同样的方法,可以得到:

$$\Delta OP_t = \sum_i (\bar{\mu}_{it} - \bar{\mu}_t) \Delta \rho_{it} + \sum_i (\bar{\rho}_{it} - \bar{\Phi}_t) \Delta \mu_{it} \qquad (5-9)$$

由上式可知,ΔOP_t 分解得到的其实为扩展边际下以及集约边际下资源配置效率变化值的"年度平均值",前文所定义的"二元边际下省际间动态的资源配置效率变化"在此处消失了。事实上,只

---

① 也可以直接由式(5-2)变形得到。

需要将式(5-7)中右边第三项 $\sum_i \Delta\mu_{it}\Delta\rho_{it}$ 的 1/2 部分分别放入式(5-7)右边第一项和第二项,就会得到式(5-9)。可见,与式(5-7)相比,式(5-9)中第一项,也即"扩展边际下省际间资源配置效率变化的均值",及其第二项,也即"集约边际下省际间资源配置效率变化的均值",其实都包含了一半的"二元边际下省际间动态的资源配置效率变化"。故式(5-9)的意义在于,可以将资源配置效率的变化直接分解为扩展边际下以及集约边际下资源配置效率的变化,但是这种分解同时也混淆了各项实际的经济学含义,只是计算所得到的结果可供参考,对于二元边际下资源误置的来源或资源配置效率改善的来源而言,还需要从式(5-7)入手分析。

5.1.2 产业集聚与企业生产率异质的互动作用——二元边际下资源配置效率变化的来源

上述分析只是将制造业省际间资源配置效率的变化值分解成3项,还须进一步分析以便对资源配置效率的演变机制给出合理的解释。由于式(5-7)中各项与产业集聚和技术进步直接相联系,因此本章接下来从以企业生产率异质为重点的新新经济地理学的角度,探讨二元边际下资源误置的来源。

首先,式(5-7)中右边第一项为上一期地区产业份额超过平均产业份额的部分与当期地区生产率增加值的交叉项,若假定每个地区在前、后两期所占份额不变,那么第一项意味着,如果产业份额越大的地区技术进步越显著,第一项就会为正数且越大,该行业资源配置的效率就越高,故第一项是从产业集聚强化生产率异质的角度,将产业集聚产生的技术外部性效应与扩展边际下的资源优化配置联系在一起。其一,较多的文献都认为产业集聚会产生一定的技术外部性(Lucas,1988;Hanson,2000;Foster,Stehrer,

2008;Combes et al,2009),产业集聚可以通过多种渠道带来技术外部性效应,如企业间的信息知识交流、技术和专利的扩散、技术人员的流动与培训等,如果将技术外部性视为企业异质性的来源,那么可以观察到企业异质性的动态变化,就意味着扩展边际下的资源配置效率可以在资源配置中起到较为重要的作用。其二,虽然此时假定各个地区所占产业份额保持不变,但是若产业份额较大地区或产业集聚程度较高地区的技术外部性更加显著,即这些地区的技术进步越显著,同样可以说明当前的产业布局可以充分发挥资源集中的作用,这也是资源配置优化的表现所在。但是,由于拥挤成本的存在,产业集聚程度较大地区的技术外部性效应可能反而要小于产业集聚程度较小的地区,因此,产业的过度集聚也可能加重资源误置的程度。

其次,式(5-7)中的第二项意味着,在假定生产率不变的情况下,如果产业向生产率高的地区集聚,集约边际下静态的资源配置效率越高。与第一项相比,产业集聚可以产生技术外部性已经为众多文献所证实,而以企业异质性为特征的新新经济地理的出现,为生产率异质可以促进产业集聚提供了相应的理论支撑,如 Okubo 等(2010)、Behrens 等(2011)以及 Ottaviano(2011)都认为企业生产率的异质性会影响产业的布局。Maximilian 和 Tobias(2013)的分析表明,不但地区间对称的技术进步会促进产业的集聚,更重要的是,当地区间的技术进步是非对称时,产业会向技术更加先进的地区集聚,即地区间生产率的异质性会促进产业向技术先进地区的集聚,进而实现集约边际下省际间的资源配置优化。不过,如果地区间存在某些政策差异,可能导致技术水平较低地区反而拥有较高的产业集聚程度,此时就会出现资源配置恶化的情形。

最后,式(5-7)的第三项可以视为产业集聚增加程度与技术进步的交叉项,反映了集约边际下资源配置优化与扩展边际下资源配置优化的相互促进效应,其为正数意味着技术进步越显著的地区,产业集聚越快。这一项测算的是产业集聚程度与技术水平之间的交叉促进作用,反映了资源配置效率的变化趋势。

综上所述,式(5-7)将资源配置效率变化值分解所得到3项的来源可以分别表示为如下三个方面。

(1)"扩展边际下省际间静态的资源配置效率变化"来自不同地区产业集聚对生产率异质的作用差异,或者说来自不同地区产业集聚的技术外部性差异。其中"扩展边际下省际间静态的资源配置优化"或"扩展边际下省际间静态的资源误置程度减缓"源自产业集聚程度越大的地区,技术外部性效应相对越显著;而"扩展边际下省际间静态的资源配置恶化"或"扩展边际下省际间静态的资源误置程度加重"源自产业集聚程度越小的地区,技术外部性效应相对越显著。

(2)"集约边际下省际间静态的资源配置效率变化"来自不同地区生产率异质对产业集聚的作用差异。其中"集约边际下省际间静态的资源配置优化"或"集约边际下省际间静态的资源误置程度减缓"源自技术水平越高的地区,由技术带来的产业集聚效应相对越显著;而"集约边际下省际间静态的资源配置恶化"或"集约边际下省际间静态的资源误置程度加重"源自技术水平越低的地区,由技术带来的产业集聚效应相对越显著。

(3)"二元边际下省际间动态的资源配置效率变化"来自产业集聚与生产率异质性的动态交叉作用。如果这种交叉作用是正向的,就存在"二元边际下省际间动态的资源配置优化";反之,如果这种交叉作用是负向的,就存在"二元边际下省际间动态的资源配置恶化"。

5.1.3 二元边际下资源配置效率的可能演化路径

明确了二元边际下省际间资源配置效率改善的来源和含义,还需继续分析资源配置效率可能的演化过程与路径,此时有必要将式(5-7)继续分解为:

$$\Delta OP_t = \sum_{i \in A^+} (\mu_{it-1} - \bar{\mu}_{t-1}) \Delta \rho_{it} + \sum_{i \in A^-} (\mu_{it-1} - \bar{\mu}_{t-1}) \Delta \rho_{it}$$
$$+ \sum_{i \in B^+} (\rho_{it-1} - \Phi_{t-1}) \Delta \mu_{it} + \sum_{i \in B^-} (\rho_{it-1} - \Phi_{t-1}) \Delta \mu_{it}$$
$$+ \sum_{i \in C^+} \Delta \mu_{it} \Delta \rho_{it} + \sum_{i \in C^-} \Delta \mu_{it} \Delta \rho_{it} \quad (5-10)$$

其中,A^+、A^-、B^+、B^-、C^+、C^- 表示的集合分别为:产业份额高于平均份额的地区、产业份额低于平均份额的地区、生产率高于平均生产率的地区、生产率低于平均生产率的地区、产业份额增加的地区、产业份额减小的地区。除此之外,本章也将式(5-7)中最后一项按照技术是否进步划分为两类地区:

$$\Delta OP_t = \sum_{i \in A^+} (\mu_{it-1} - \bar{\mu}_{t-1}) \Delta \rho_{it} + \sum_{i \in A^-} (\mu_{it-1} - \bar{\mu}_{t-1}) \Delta \rho_{it}$$
$$+ \sum_{i \in B^+} (\rho_{it-1} - \Phi_{t-1}) \Delta \mu_{it} + \sum_{i \in B^-} (\rho_{it-1} - \Phi_{t-1}) \Delta \mu_{it}$$
$$+ \sum_{i \in D^+} \Delta \mu_{it} \Delta \rho_{it} + \sum_{i \in D^-} \Delta \mu_{it} \Delta \rho_{it} \quad (5-11)$$

式中,A^+、A^-、B^+、B^- 的含义与式(5-10)一致,而 D^+、D^- 表示的集合分别为:生产率增加的地区、生产率减小的地区。对式(5-9)也可以做出类似的分解:

$$\Delta OP_t = \sum_{i \in E^+} (\bar{\mu}_{it} - \bar{\mu}_t) \Delta \rho_{it} + \sum_{i \in E^-} (\bar{\mu}_{it} - \bar{\mu}_t) \Delta \rho_{it}$$
$$+ \sum_{i \in F^+} (\bar{\rho}_{it} - \overline{\Phi}_t) \Delta \mu_{it} + \sum_{i \in F^-} (\bar{\rho}_{it} - \overline{\Phi}_t) \Delta \mu_{it}$$

$$(5-12)$$

上式中，E^+、E^-、F^+、F^- 表示的集合分别为：平均产业份额高于整个行业平均份额的地区、平均产业份额低于整个行业平均份额的地区、平均生产率高于整个行业平均生产率的地区、平均生产率低于整个行业平均生产率的地区。从下文可知，通过区分不同集合下资源配置效率变化值，有助于厘清资源配置效率演变的脉络。

首先，分析式(5-7)中第一项或式(5-10)中前两项之和的含义。如果其为正数，说明相对而言，当前更多产业集聚的状态可以使扩展边际下资源配置的效率更高，部分地区较高的产业集聚程度发挥了它应有的作用，资源应该继续向其流动；如果其为负数，说明产业集聚较大地区由技术外部性产生的、扩展边际下的资源优化配置还不如产业集聚小的地区显著，资源应该向产业集聚小的地区流动。当前的资源配置或某些地区过高的产业集聚是低效率的，而部分产业集聚程度较小的地区在获得更多资源后，会产生更大的技术外部性，扩展边际下资源配置效率也会因此增加。

其次，有必要将式(5-7)中的每一项都分成两项，如式(5-10)，如此才能找出资源误置的准确成因。以式(5-10)中前两项之和是正数为例，等价于以扩展边际下存在资源配置优化或者资源配置效率变化值是正数为例，此时就扩展边际下的资源误置而言，产业集聚规模较大地区要相对小于产业集聚规模较小地区，或者说就扩展边际下的资源配置优化而言，产业集聚规模较大地区要相对大于产业集聚规模较小地区，因此资源应该继续向产业集聚规模较大的地区流动。然而，若要识别资源配置效率具体的变化路径，并就此提出针对性的政策建议，就需要继续弄清资源配置优化或资源扭曲加重的具体原因。若以存在正的扩展边际下的资源配置优化而言，此时式(5-10)中前两项的正负符号可能是(＋，＋)、(＋，－)以及(－，＋)三种情况，只不过两项之和为正数。①

(＋,＋)说明产业集聚程度较小的地区,产业集聚难以产生一定的技术外部性,可见产业集聚产生技术外部性存在某种门槛性,也说明产业继续集聚是合理的,可以进一步提高资源配置的效率;②(＋,－)说明较大规模的产业集聚和较小规模的产业集聚都可以产生一定的技术外部性,但是前者大于后者,即对于资源配置效率而言,产业继续集聚带来的收益要大于损失;③(－,＋)说明较大规模的产业集聚和较小规模的产业集聚都难以产生技术外部性,即产业的集聚不但不会产生正的技术外部性,反而由于拥挤成本还会对其生产率造成损失,只不过此时在产业集聚规模大的地区,这种损失要小些。因此,促使产业的集聚程度更高可以使资源优化配置的效率更高或资源误置的程度更低。

当式(5-10)中前两项之和为负数时,可以类似于前文分析,此时式(5-10)中前两项的正负符号可能是(－,－)、(＋,－)以及(－,＋)3种情况。以(－,－)为例,这种情况说明只有产业集聚较小地区可以产生技术外部性,原因可能是产业集聚较小地区有较高的人力资本或较好的制度安排,资源应该流向这些产业集聚度较小、但是"效率"较高的地区,此时随着资源的重新配置,即使第一项和第二项短期内符号不变,仍为负数,但是两者也都有增加的趋势(绝对值减小),资源配置效率会有所提高。如果这种资源重新配置的力度足够大,即有足够多的资源从原先的产业集聚区流向产业集聚程度较低的地区,第一项和第二项都可能变为正数,对应着资源配置效率较大程度的提高。从上文的分析可知,无论是上述6种情况中的哪一种,随着资源的重新合理配置,式(5-10)中前两项之和都会增加,即提高了资源配置效率或缓解了资源误置的程度。

对于集约边际下资源配置的情况,即式(5-10)中间两项,也可以用同样的方法分析,只不过此时分析的起点为探讨技术水平对产业集聚的作用差异。式(5-10)中最后两项分析了随着产业份额的变动,技术水平是否也会同向变动,反过来分析亦可,反映的是产业集聚程度与技术水平之间是否存在正向的互动作用,可以体现资源配置效率的变化趋势。对于式(5-11)最后两项和式(5-12)都可以类似式(5-10)分析,下文会将这些公式与具体数据相结合,进而分析二元边际下中国制造业省际间资源配置效率的实际演化路径。

5.2 中国制造业分行业、分地区生产率的估算

5.2.1 估计口径和年份的确定

在处理工业数据时,首先需要注意的是工业数据统计口径的变化,即不同时期工业统计的口径存在不一致的问题,在1997年之前,工业数据按隶属关系来统计,而在1998年之后,工业数据按照工业企业规模大小来统计。因此,当跨时期处理数据时,需要对不同口径的数据做出处理,陈诗一(2011)在这个方面做出了尝试,他将1980—2008年的工业分行业数据扩展到全部工业口径。对于1997年及其之前的数据,工业统计调查口径按隶属关系划分为全部乡及乡以上独立核算工业企业和非独立核算生产单位,以及村及村以下的工业企业和个体生产单位,由于《中国统计年鉴》和《中国工业经济统计年鉴》在提供乡及乡以上独立核算工业企业指标时,也提供了1983—1997年独立核算村办工业的单位数、工业总产值和职工人数数据,故可以将分行业对应指标相加得到全部工业口径的数据。但是由于缺乏其他经济类型分行业数据,因此上述

两者工业总产值加总并不等于全部工业的总产值,故而陈诗一(2011)以两者的比值为基准,从而可以根据一个整体的比例将数据调整为全部工业口径。1998年及其之后工业数据的统计口径改为按照企业规模划分,1998—2006年分为全部国有及规模以上非国有工业和规模以下非国有工业两部分。由于2004年《中国经济普查年鉴》提供了2004年工业分行业主要经济指标的全部工业口径数据,因此可以获得2004年全部国有及规模以上非国有工业占全部工业口径的不同细分行业的比例数据,从而可以利用它们将其他年份规模以上工业分行业数据调整到全部工业口径。

虽然陈诗一(2011)将分行业的数据扩展到全工业口径,然而本章需要的是构建并处理分行业、分地区的工业数据。如果要将分行业、分地区的工业数据扩展到全口径,那么需要两步处理,即首先将分行业的数据扩展到全工业口径,其次利用同行业各地区工业数据占该行业比例扩展到全工业口径。上述方法虽然可以构建出分行业、分地区的全工业口径数据,但是其中至少有两个步骤需要全部估算,而且这只是对总产值和从业人员而言,对固定资产全口径的估算尚无较好的处理方法。考虑到估算步骤过多会严重影响数据的准确性和数据分析的可靠性,而1998年前后分地区工业数据统计口径又不一致,且无1999年的工业经济统计年鉴,因此本章主要估算并处理1999—2010年规模以上的分行业、分地区投入产出数据。

5.2.2 行业门类的选择

依据《中国工业经济统计年鉴》的分类,本章主要选择1999—2010年分行业、分地区数据较为连续完整的21个二位数的工业行业,其中20个行业属于制造业,这些行业及其对应的分类号分别为:农副食品加工业(13);食品制造业(14);饮料制造业(15);烟草加工业(16);纺织业(17);造纸及纸制品业(22);石油加工、炼焦及核燃料加工业(25);化学原料及化学制品制造业(26);医药制造业(27);化学纤维制造业(28);非金属矿物制品业(31);黑色金属冶炼及压延加工业(32);有色金属冶炼及压延加工业(33);金属制品业(34);通用设备制造业(35);专用设备制造业(36);交通运输设备制造业(37);电气机械及器材制造业(39);通讯设备、计算机及其他电子设备制造业(40);仪器仪表及文化办公机械制造业(41);电力、热力的生产和供应业(44)。上述 21 个行业中前 20 个行业都属于制造业,由于最后一个行业"电力、热力的生产和供应业"与制造业联系紧密,且行业数据完整,因此也将其纳入数据的处理和分析范围。

5.2.3 投入和产出变量的选取

现有估计 TFP 的方法主要有两种:一种是利用工业增加值、资本存量和劳动投入估计;另一种是利用工业总产值、资本存量、中间投入和劳动投入估算,除开产出数据,两者的主要差别在于中间投入是否需要估算。本章采用第一种方法,原因如下:

(1)虽然可以利用工业总产值与应缴增值税之和,减去工业增加值获得工业中间投入,然而缺乏 1999—2000 年分行业、分地区的应缴增值税,对此也没有较为权威的估算方法,特别是当前对中间投入的平减并无十分准确的处理方法,如朱钟棣和李小平(2005)用投入产出表估算了分行业中间投入的价格指数。不过利用投入产出表和工业品出厂价格计算的问题在于,难以准确纳入进口原材料对中间投入价格的影响。事实上,进口原材料价格波动是中国各行业中间投入价格波动的重要原因(李建伟,2011),陈诗一(2011)是用分行业类别平减,但是某一行业不可能只投入某一类原材料,如通用机械制造可能要用到黑色金属材料、有色金属材料、建筑材料以及电力等动力,而用总的价格指数,即用总的原材料、燃料、动力购进价格指数平减又过于粗糙。

(2)本章也尝试利用第二种方法估算生产率。2001年的工业经济统计年鉴并没有提供分行业的应缴增值税数据,但是2000—2001年的《中国统计年鉴》提供了1999—2000年分行业的应缴增值税数据。因此,本章尝试首先按照2001年分行业、分地区应缴增值税和总产值的比例估算出1999—2000年分行业、分地区的应缴增值税;接着利用《中国统计年鉴》公布的分行业的应缴增值税,按照同一行业不同地区估算的增值税占比,对估算的增值税进一步调整;而后用总的原材料、燃料、动力购进价格指数对其进行平减,价格指数来自2011年的《中国城市(镇)生活与价格年鉴》。不过,此时利用面板固定效应方法估算的中间投入对产出的弹性高达1.4271,而劳动对产出的弹性为负值,估计结果难以与实际相符,原因可能在于,当利用估计的中间投入和第二种方法对生产率进行估算时,过度高估了中间投入对产出的贡献。

(3)部分文献也开始认识到数据准确处理的重要性。如陈勇和李小平(2006)就认为,在处理分行业数据时,中间投入价格指数的构造具有一定的主观性,数据处理时估算步骤太多也会产生难以识别的误差,因此他们也采用第一种方法估算生产率。事实上中间投入的名义值完全需要估算,而往往这些理论上正确的估算方法可能得到与真实数据相差甚远的估计值,如后文在采用固定资产原值之差估算年度固定资产投资时,就会出现大量负值。由于中间投入在估算生产率时所占份额往往又很大,中间投入估算的准确性会对生产率的估算造成很大的影响。这都说明,应该采用直接的统计数据或者估算步骤最少的数据,即采用第一种方法估算生产率。此外，Petrin 和 Levinsohn(2012)认为利用增加值估算生产率有着更为直接的福利含义,据此 Melitz 和 Polanec(2014)认为利用增加值估算生产率更为合适。

5.2.4 工业增加值的估算

虽然分行业、分地区工业总产值的数据比较完整,但是工业增加值的数据存在缺失,首先 2004 年的工业增加值缺失,故而用 2003 年和 2005 年各工业行业、分地区增加值的均值替代,其次是 2008—2010 年的工业增加值缺失。此处本章考虑了两种处理方法:一是利用 2008 年之前工业增加值的几何平均增长率估算出 2008—2010 年分行业、分地区的增加值;二是利用 2007 年增加值占总产值的比例估算出 2008—2010 年的增加值。在实际估算中,发现第一种方法容易出现总产值小于增加值的情形,因此采用第二种方法对缺失的增加值进行估算。

接着需要考虑如何对工业增加值进行价格平减。陈诗一(2011)认为,由于工业增加值主要是由总产值减去工业中间投入来构成,因此应该用工业品出厂价格指数和原材料、燃料、动力购进价格指数同时消除产品和原材料的价格变动因素,计算出与基期价格可比的工业增加值,即所谓"双缩法",但是现行的工业价格指数缩减法仍然采用与工业总产值缩减类似的"单缩法"方式来缩减增加值,也即用工业品出厂价格直接缩减工业增加值,而不考虑原材料等购进价格因素,本章亦如此估算。本章所使用的产出价格平减指数来自《中国城市(镇)生活与价格年鉴》提供的工业分行业的工业品出厂价格指数(上年＝100),首先 2006—2011 年的《中国城市(镇)生活与价格年鉴》提供了 2005—2010 年分行业、分地区的工业品出厂价格指数,这其中部分地区在某些行业缺失的价格指数可以用该行业总体的出厂价格指数替代。2005年之前无细分行业、分地区的工业品出厂价格指数,因此用分行业的出厂价格指数替代,2011年的《中国城市(镇)生活与价格年鉴》提供了2010年及其之前年份的分行业出厂价格指数,2002年及其之前的农副食品加工业的价格指数缺失,用食品制造业替代,2002年及其之前通用设备制造业的价格指数缺失,用专用设备制造业替代。采用上述方法,本章构建了以1999年为基期的工业品出厂价格指数,并计算出了实际工业增加值。

5.2.5 资本存量的估算

对资本存量的估算主要有永续盘存法和利用固定资产净值年平均余额估算法,因此首先需要明确估算时采用的方法。本章首先尝试用永续盘存法估算,有较多文献选择永续盘存法估算分行业的资本存量,如黄勇峰等(2002)、朱钟棣和李小平(2005)、陈勇和李小平(2006)、陈诗一(2011)等,然而适用于分行业的永续盘存法却不一定适用于分行业、分地区的资本存量估算。

(1)折旧率难以合适估算。首先,类似于黄永峰等(2002)将固定资本分为设备和建筑两部分,分别估算两者折旧率的方法可能并不合适,这是由于各行业建筑类和设备类资产结构存在区别,每个行业建筑类和设备类资产的权重较难准确确定,因此这种折旧率的设定方式可能不是一个适宜的方法(陈勇,李小平,2006)。为此,陈诗一(2011)根据固定资产原值和净值的序列构建隐含的折旧率,首先是用当年固定资产原值与固定资产净值差得到累计折旧,而后用本年度与上年累计折旧差得到当年的本年折旧,最后用当年的本年折旧除以上年固定资产原值得到当年的折旧率,本章尝试采用这种方法构建分行业、分地区的工业折旧率。由于统计年鉴并没有提供 1999—2000 年以及 2008—2010 年的分行业、分地区的本年折旧,因此需要对本年折旧进行估算,然而,在具体的估算中,却发现本年折旧会出现较多负值,如此估算的折旧率也会出现较多负值。

(2)年度新增固定资产投资额难以合适估算。本章用当年固定资产原值减去上年固定资产原值得到当年的投资额,这也是计算分行业当年投资额的常用方法,但是用此方法在计算分行业、分地区的投资额时,却发现大量样本的当年固定资产投资为负值。陈勇和李小平(2006)在处理工业分行业数据的折旧时,用相邻两年的固定资产净增加值作为投资额,同时也可以跳过折旧的问题,而本章在利用分行业、分地区数据如此计算时,同样出现了大量的负值。

可见,在分行业时适用于处理折旧和新增固定资产投资额的方法在处理分行业、分地区的数据时并不适用。因此,本章在估算分行业、分地区的资本存量时,采用固定资产净值年平均余额估算工业分行业资本存量,较多文献都是如此处理,如李胜文和李大胜(2008)、李小平等(2008);基于企业数据的研究也通常直接使用固定资产净值作为资本存量的代理变量,如李玉红等(2008)、聂辉华和贾瑞雪(2011)等。由于统计资料只给出了 2001—2008 年分行业、分地区的固定资产净值年均余额,故 2000 年、2009 年以及 2010 年的固定资产净值年均余额可以用当年底和上一年底的固定资产净值的均值替代,李胜文和李大胜(2008)也是如此处理。

接着是利用固定资产投资价格指数平减。对于固定资产投资价格指数,朱钟棣和李小平(2005)用建筑安装价格指数和设备价格指数的加权值计算分行业的固定资产投资价格指数,但是他们用各行业的出厂价格指数作为其设备价格指数,如此处理的适宜性还有待验证,本章参考大多数文献的处理方法,用固定资产投资价格指数替代,由于本章处理的是分行业、分地区的数据,因此本章用各地区的固定资产投资价格指数替代,广东 1999 和 2000 年的以及海南 1999 年的固定资产投资价格指数缺失,用全国的数据替代。对于初始资本存量,用 1999 年分行业、分地区的固定资产净值作为初始资本存量。

5.2.6 劳动投入

本章用分行业、分地区的从业人员年平均人数作为劳动力投入数据,历年的《中国统计年鉴》和《中国工业经济统计年鉴》提供了完整的数据。

5.2.7 缺失数据的剔除

首先,西藏的数据由于不完整全部剔除;其次,部分"行业-地区"的工业增加值、从业人员等数据在某些年份不完整或者为负值,本章将这部分数据剔除,包括化学纤维制造业中的北京、内蒙古、黑龙江、湖北、广西、贵州、云南、青海、宁夏、新疆,石油化工及炼焦业中的海南、重庆、贵州、青海,通讯设备、计算机及其他电子设备制造业中的青海、宁夏,烟草加工业中的青海、宁夏,仪器仪表及文化办公机械制造业中的内蒙古、海南,造纸及纸制品业中的青海,专用设备制造业中的吉林、新疆。

若资源可以自由流动,不存在任何扭曲,那么理论上所有企业的生产率应该相等(Hsieh,Klenow,2009),这也意味着任何行业在不同地区的生产率应该是无差异的。为此,本章首先根据 Hausman 检验的结果,利用面板数据固定效应模型估算出生产率,而后参考聂辉华和贾瑞雪(2011),计算了包含 20 个制造业在内的 21 个工业行业 TFP 的离散度(表5-1)。以 TFP 的90%分位和10%分位比值最小的化学纤维制造业为例,其90%分位 TFP 是10%分位 TFP 的3.35倍,这意味着较为显著的生产率差异,说明中国制造业在省际间存在一定的资源误置。

表5-1 分行业、分地区 TFP 的统计描述

代码	行业	TFP(10%)	TFP(90%)	TFP(90%/10%)	TFP均值	标准差
13	农副食品加工业	0.2086	0.8909	4.2716	0.5283	0.3781
14	食品制造业	0.2247	0.8811	3.9212	0.5252	0.3065
15	饮料制造业	0.1543	0.6468	4.1918	0.3573	0.2244
16	烟草制品业	0.1714	1.1522	6.7220	0.6070	0.4640
17	纺织业	0.2787	1.1778	4.2260	0.6815	0.5628
22	造纸及纸制品业	0.2321	1.4115	6.0816	0.7454	0.6196
25	石油加工、炼焦及核燃料加工业	0.2792	1.3755	4.9264	0.7813	0.6888
26	化学原料及化学制品制造业	0.3520	1.5203	4.3187	0.8598	0.6541
27	医药制造业	0.3341	2.0233	6.0568	1.1609	1.0093
28	化学纤维制造业	0.3584	1.2017	3.3533	0.7180	0.3392
31	非金属矿物制品业	0.4335	2.3374	5.3919	1.3332	1.0086
32	黑色金属冶炼及压延加工业	0.3833	1.5728	4.1033	0.9431	0.5468
33	有色金属冶炼及压延加工业	0.3324	2.7392	8.2397	0.3973	1.1619
34	金属制品业	0.4689	2.2473	4.7927	1.3609	0.8840
35	通用设备制造业	0.4176	2.4132	5.7787	1.4047	1.3717
36	专用设备制造业	0.4885	2.7737	5.6780	1.7275	1.2205

续表 5-1

代码	行业	TFP (10%)	TFP (90%)	TFP (90%/10%)	TFP 均值	标准差
37	交通运输设备制造业	0.5069	2.7577	5.4403	1.5585	1.4785
39	电气机械及器材制造业	0.3681	3.0969	8.4132	1.7176	1.7468
40	通讯设备、计算机及其他电子设备制造业	0.3257	1.7122	5.2570	0.9542	0.5552
41	仪器仪表及文化办公机械制造业	0.2132	2.3376	10.9744	1.2317	1.1456
44	电力、热力的生产和供应业	0.2795	2.1703	7.7649	1.1986	0.8397

5.3 对中国制造业省际间资源配置效率的实证分析

Banerjee 和 Moll(2010)认为,长期条件下集约边际下的资源误置可能逐步缓解乃至消失,但是扩展边际下的资源误置却可能一直存在,即资源误置很难避免。因此,估算中国制造业在省际间资源配置的效率变化,并对其进行分解和做出相应的解释,由此理解中国制造业资源配置效率的变化趋势及其作用机制更为重要。

5.3.1 中国制造业省际间资源配置效率变化的计算

本章首先计算了以从业人员作为地区在产业中的份额,并将 TFP 取对数后得到 OP 协方差,分行业 OP 协方差的均值见表 5-2。其表明,各个行业 OP 协方差都为正数,其中所有行业 OP 协方差的均值为 0.0669,这说明省际间的资源配置发挥了一定的正面作用。

表 5-2 分行业的省际间资源配置效率

代码	行业	OP协方差	代码	行业	OP协方差
13	农副食品加工业	0.1125	32	黑色金属冶炼及压延加工业	0.0249
14	食品制造业	0.0607	33	有色金属冶炼及压延加工业	0.0427
15	饮料制造业	0.0585	34	金属制品业	0.0866
16	烟草制品业	0.0301	35	通用设备制造业	0.0971
17	纺织业	0.0980	36	专用设备制造业	0.0847
22	造纸及纸制品业	0.0528	37	交通运输设备制造业	0.0682
25	石油加工、炼焦及核燃料加工业	0.0328	39	电气机械及器材制造业	0.0892
26	化学原料及化学制品制造业	0.0842	40	通讯设备、计算机及其他电子设备制造业	0.1387
27	医药制造业	0.0230	41	仪器仪表及文化办公机械制造业	0.0834
28	化学纤维制造业	0.0170	44	电力、热力的生产和供应业	0.0226
31	非金属矿物制品业	0.0983	—	均值	0.0669

表5-3计算了分行业OP协方差的年均变化值,结果表明,仅1/3行业的变动值为正数,其余为负数。可见,尽管中国制造业在省际间的资源配置是整体有效的,但是从动态的角度看,大部分制造业省际间的资源配置却有恶化的趋势。

5.3.2 中国制造业省际间资源配置效率变化的分解

接下来,本章根据式(5-7)对OP协方差的变化值进行分解,分解得到的各项年均值见表5-4。

表5-3 分行业省际间资源配置效率的变化值

代码	行业	OP协方差的变动值	代码	行业	OP协方差的变动值
13	农副食品加工业	-0.0038	32	黑色金属冶炼及压延加工业	-0.0019
14	食品制造业	-0.0014	33	有色金属冶炼及压延加工业	0.0010
15	饮料制造业	0.0010	34	金属制品业	-0.0079
16	烟草制品业	-0.0016	35	通用设备制造业	-0.0069
17	纺织业	-0.0113	36	专用设备制造业	-0.0057
22	造纸及纸制品业	0.0007	37	交通运输设备制造业	-0.0044
25	石油加工、炼焦及核燃料加工业	0.0061	39	电气机械及器材制造业	-0.0125
26	化学原料及化学制品制造业	0.0012	40	通讯设备、计算机及其他电子设备制造业	-0.0205
27	医药制造业	0.0015	41	仪器仪表及文化办公机械制造业	-0.0106
28	化学纤维制造业	-0.0038	44	电力、热力的生产和供应业	-0.0014
31	非金属矿物制品业	0.0001	—	均值	-0.0039

由分解的结果可知,21个行业中有20个行业的扩展边际下省际间静态的资源配置效率变化值为负数(除了石油加工、炼焦及核燃料加工业)。即总的而言,中国制造业扩展边际下省际间静态的资源配置是恶化的,或者说扩展边际下相应的资源误置程度加重了。根据前文的分析可知,扩展边际下资源配置效率下降的原因在于,产业集聚程度越小的地区,技术外部性效应反而越显著或者由产业集聚带来的生产率损失越小。说明中国制造业随着产业集聚程度的提高,产业集聚的技术外部性却没有随之增加。

表 5-4 分行业省际间资源配置效率变化的分解

代码	行业	扩展边际下省际间静态的资源配置效率变化	集约边际下省际间静态的资源配置效率变化	二元边际下省际间动态的资源配置效率变化
13	农副食品加工业	−0.008 682	0.004 910	−0.000 325
14	食品制造业	−0.003 934	0.002 190	0.000 222
15	饮料制造业	−0.000 297	0.001 259	0.000 137
16	烟草制品业	−0.004 947	0.001 031	0.002 140
17	纺织业	−0.015 021	0.002 578	0.000 076
22	造纸及纸制品业	−0.000 991	0.001 631	0.000 087
25	石油加工、炼焦及核燃料加工业	0.007 525	0.001 360	−0.002 259
26	化学原料及化学制品制造业	−0.003 125	0.004 525	−0.000 116
27	医药制造业	−0.000 667	0.001 858	0.000 452
28	化学纤维制造业	−0.005 588	0.004 019	−0.002 551
31	非金属矿物制品业	−0.002 546	0.002 225	0.000 427
32	黑色金属冶炼及压延加工业	−0.005 304	0.003 763	−0.000 500
33	有色金属冶炼及压延加工业	−0.003 459	0.004 835	−0.000 246
34	金属制品业	−0.012 408	0.003 316	0.000 509
35	通用设备制造业	−0.012 200	0.004 747	−0.000 112
36	专用设备制造业	−0.007 295	0.002 798	−0.001 688
37	交通运输设备制造业	−0.007 913	0.004 122	−0.000 973
39	电气机械及器材制造业	−0.018 642	0.005 600	−0.000 605
40	通讯设备、计算机及其他电子设备制造业	−0.026 604	0.004 484	−0.000 287
41	仪器仪表及文化办公机械制造业	−0.019 571	0.009 798	−0.001 837
44	电力、热力的生产和供应业	−0.002 213	0.000 250	0.000 427

表5-4中分解的结果还表明,21个行业的集约边际下省际间静态的资源配置效率变化值都为正数,这说明中国制造业集约边际下省际间静态的资源配置得到了一定程度的优化,或者说集约边际下相应的资源误置程度减轻了,这是由于各行业中技术水平越高的地区,由技术带来的产业集聚效应相对越显著。不过,21个行业中有9个行业的二元边际下省际间动态的资源配置效率变化为正数,而且还可以发现大多数轻工业二元边际下省际间动态的资源配置效率变化为正数,大多数重工业二元边际下省际间动态的资源配置效率变化为负数,这说明相对于重工业而言,以食品制造业、饮料制造业、烟草加工业、纺织业、造纸及纸制品业为代表的轻工业的技术进步与产业集聚会相互促进,而绝大多数重工业的技术进步与产业集聚之间有着显著的负向关系。

本章还根据式(5-9)进一步计算了扩展边际下省际间资源配置效率变化的均值,以及集约边际下省际间资源配置效率变化的均值,具体结果见表5-5。

将资源配置效率的变化直接分解为扩展边际下的资源配置效率变化和集约边际下的资源配置效率变化,可能更为直观。此时分解的结果表明,21个行业中有20个行业扩展边际下资源配置效率变化的均值为负数(除了石油加工、炼焦及核燃料加工业),所有行业集约边际下资源配置效率变化的均值为正数,上述结果与表5-4中扩展边际下以及集约边际下静态的资源配置效率变化完全一致。原因主要在于,扩展边际下以及集约边际下静态资源配置效率的变化程度,要远大于二元边际下省际间动态资源配置效率的变化程度,即二元边际下静态的资源配置效率变化主导了中国制造业省际间资源配置效率的演变方向。

表 5-5 分行业省际间资源配置效率变化均值的分解

代码	行业	扩展边际下省际间资源配置效率变化的均值	集约边际下省际间资源配置效率变化的均值
13	农副食品加工业	−0.008 844	0.004 747
14	食品制造业	−0.003 823	0.002 301
15	饮料制造业	−0.000 228	0.001 328
16	烟草制品业	−0.003 877	0.002 101
17	纺织业	−0.014 983	0.002 616
22	造纸及纸制品业	−0.000 948	0.001 674
25	石油加工、炼焦及核燃料加工业	0.006 396	0.000 231
26	化学原料及化学制品制造业	−0.003 184	0.004 466
27	医药制造业	−0.000 441	0.002 084
28	化学纤维制造业	−0.006 864	0.002 743
31	非金属矿物制品业	−0.002 332	0.002 439
32	黑色金属冶炼及压延加工业	−0.005 554	0.003 513
33	有色金属冶炼及压延加工业	−0.003 582	0.004 712
34	金属制品业	−0.012 153	0.003 571
35	通用设备制造业	−0.012 256	0.004 691
36	专用设备制造业	−0.008 139	0.001 954
37	交通运输设备制造业	−0.008 400	0.003 636
39	电气机械及器材制造业	−0.018 944	0.005 298
40	通讯设备、计算机及其他电子设备制造业	−0.026 748	0.004 340
41	仪器仪表及文化办公机械制造业	−0.020 489	0.008 880
44	电力、热力的生产和供应业	−0.002 000	0.000 464

另外,Banerjee 和 Moll(2010)认为长期集约边际下的资源误置会逐渐减小,而扩展边际下的资源误置可能会一直存在甚至加重,即使 Banerjee 和 Moll(2010)分析的是企业间的资源误置情况,但是本章关于二元边际下省际间资源误置的定义本质上与其相似,本章表5-4和表5-5所得到的结果也可以与 Banerjee 和 Moll(2010)的理论分析相互印证,集约边际下资源配置效率的改善说明集约边际下资源误置程度正在下降,而扩展边际下资源配置效率的恶化也说明扩展边际下的资源误置有加重的趋势。

5.3.3 中国制造业省际间资源配置效率的实际演化路径

上文只是对资源配置效率的变化做出二元边际下的分解,但是若要进一步分析二元边际下资源配置效率演变的实际作用机制,还必须依据式(5-10)~(5-12),根据产业份额和生产率的区别,对扩展边际下以及集约边际下资源配置效率的变化做出进一步的分解,具体结果见表5-6~表5-8。其中,表5-6来自对式(5-10)的前四项,表5-7来自式(5-10)的后两项和式(5-11)的后两项,式(5-11)与式(5-10)的前四项相同,表5-8来自式(5-12)。

根据对分解结果的分析,可以得到以下结论。

(1)扩展边际下省际间静态的资源配置效率恶化来自于产业集聚度较小地区的技术外部性大于产业集聚度较大地区的技术外部性。由表5-4可知,扩展边际下省际间静态的资源配置效率变化值总体为负数,因此对其分解所得两项的正负符号可能是(-,-)、(+,-)以及(-,+)。而根据表5-6的结果可知,产业份额超过平均份额地区所对应分解结果总体为正数(电力、热力的生产

表5-6 分行业省际间静态资源配置效率变化的细化分解

代码	行业	扩展边际下省际间静态的资源配置效率变化		集约边际下省际间静态的资源配置效率变化			
		产业份额较大的地区	产业份额较小的地区	生产率较高的地区	生产率较低的地区		
13	农副食品加工业	0.003 578	−0.012 260	0.002 053	0.002 857		
14	食品制造业	0.009 860	−0.013 794	0.001 106	0.001 084		
15	饮料制造业	0.009 012	−0.009 309	0.000 384	0.000 875		
16	烟草制品业	0.007 980	−0.012 927	0.001 098	−0.000 067		
17	纺织业	0.009 209	−0.024 230	0.000 129	0.002 449		
22	造纸及纸制品业	0.006 697	−0.007 688	−0.000 300	0.001 931		
25	石油加工、炼焦及核燃料加工业	0.000 100	0.007 426	0.000 294	0.001 067		
26	化学原料及化学制品制造业	0.004 798	−0.007 924	0.001 890	0.002 634		
27	医药制造业	0.005 521	−0.006 187	0.000 639	0.001 219		
28	化学纤维制造业	0.009 608	−0.015 196	0.001 615	0.002 403		
31	非金属矿物制品业	0.010 503	−0.013 049	0.000 742	0.001 483		
32	黑色金属冶炼及压延加工业	0.003 676	−0.008 980	0.001 923	0.001 839		

续表 5-6

代码	行业	扩展边际下省际间静态的资源配置效率变化		集约边际下省际间静态的资源配置效率变化	
		产业份额较大的地区	产业份额较小的地区	生产率较高的地区	生产率较低的地区
33	有色金属冶炼及压延加工业	0.003 560	−0.007 019	0.002 784	0.002 051
34	金属制品业	0.005 773	−0.018 181	0.000 844	0.002 472
35	通用设备制造业	0.009 129	−0.021 328	0.001 685	0.003 062
36	专用设备制造业	0.009 201	−0.016 496	0.001 075	0.001 723
37	交通运输设备制造业	0.011 936	−0.019 849	0.001 436	0.002 687
39	电气机械及器材制造业	0.009 078	−0.027 720	0.001 545	0.004 055
40	通讯设备、计算机及其他电子设备制造业	0.006 448	−0.033 052	0.000 928	0.003 556
41	仪器仪表及文化办公机械制造业	0.003 630	−0.023 200	0.003 618	0.006 180
44	电力、热力的生产和供应业	−0.001 176	−0.001 037	0.000 542	−0.000 292

表 5-7 分行业省际间动态资源配置效率变化的细化分解

代码	行业	二元边际下省际间动态资源配置效率变化		二元边际下省际间动态的资源配置效率变化	
		产业份额较大的地区	产业份额较小的地区	生产率较高的地区	生产率较低的地区
13	农副食品加工业	0.001 208	−0.001 533	−0.000 354	0.000 029
14	食品制造业	0.001 553	−0.001 331	0.000 030	0.000 192
15	饮料制造业	0.001 019	−0.000 882	0.000 174	−0.000 036
16	烟草制品业	0.001 248	0.000 892	0.000 950	0.001 191
17	纺织业	0.001 341	−0.001 265	−0.000 166	0.000 242
22	造纸及纸制品业	0.000 675	−0.000 588	−0.000 267	0.000 354
25	石油加工、炼焦及核燃料加工业	−0.000 227	−0.002 032	−0.001 622	−0.000 637
26	化学原料及化学制品制造业	0.000 648	−0.000 764	0.000 131	−0.000 248
27	医药制造业	0.001 023	−0.000 571	0.000 296	0.000 156
28	化学纤维制造业	0.000 290	−0.002 840	−0.001 902	−0.000 648
31	非金属矿物制品业	0.000 962	−0.000 535	0.000 296	0.000 131
32	黑色金属冶炼及压延加工业	0.000 551	−0.001 051	−0.000 863	0.000 364

续表 5-7

代码	行业	二元边际下省际间动态的资源配置效率变化		二元边际下省际间动态的资源配置效率变化	
		产业份额较大的地区	产业份额较小的地区	生产率较高的地区	生产率较低的地区
33	有色金属冶炼及压延加工业	0.000 547	-0.000 793	0.000 122	-0.000 368
34	金属制品业	0.000 625	-0.000 116	0.000 021	0.000 489
35	通用设备制造业	0.001 199	-0.001 312	-0.000 515	0.000 402
36	专用设备制造业	0.001 386	-0.003 074	-0.001 273	-0.000 415
37	交通运输设备制造业	0.000 994	-0.001 967	-0.001 054	0.000 080
39	电气机械及器材制造业	0.001 118	-0.001 723	-0.000 863	0.000 258
40	通讯设备、计算机及其他电子设备制造业	0.000 993	-0.001 280	-0.000 386	0.000 099
41	仪器仪表及文化办公机械制造业	0.001 894	-0.003 730	-0.002 257	0.000 421
44	电力、热力的生产和供应业	-0.000 265	0.000 692	-0.000 001	0.000 428

表5-8 分行业省际间资源配置效率变化均值的细化分解

代码	行业	扩展边际下省际间资源配置效率变化均值		集约边际下省际间资源配置效率变化均值	
		产业份额较大的地区	产业份额较小的地区	生产率较高的地区	生产率较低的地区
13	农副食品加工业	0.003 679	−0.012 523	0.002 064	0.002 683
14	食品制造业	0.010 046	−0.013 869	0.001 150	0.001 152
15	饮料制造业	0.009 012	−0.009 240	0.000 331	0.000 996
16	烟草制品业	0.008 622	−0.012 499	0.001 327	0.000 774
17	纺织业	0.009 694	−0.024 678	0.000 145	0.002 471
22	造纸及纸制品业	0.007 130	−0.008 078	−0.000 359	0.002 033
25	石油加工、炼焦及核燃料加工业	−0.002 295	0.008 690	−0.000 814	0.001 045
26	化学原料及化学制品制造业	0.004 995	−0.008 178	0.001 891	0.002 575
27	医药制造业	0.005 713	−0.006 154	0.000 836	0.001 248
28	化学纤维制造业	0.009 260	−0.016 124	0.000 804	0.001 939
31	非金属矿物制品业	0.010 796	−0.013 129	0.000 851	0.001 588
32	黑色金属冶炼及压延加工业	0.003 586	−0.009 141	0.001 644	0.001 869

续表 5-8

代码	行业	扩展边际下省际间资源配置效率变化均值		集约边际下省际间资源配置效率变化均值	
		产业份额较大的地区	产业份额较小的地区	生产率较高的地区	生产率较低的地区
33	有色金属冶炼及压延加工业	0.003 146	−0.006 729	0.002 323	0.002 389
34	金属制品业	0.006 333	−0.018 487	0.000 917	0.002 653
35	通用设备制造业	0.009 532	−0.021 788	0.001 582	0.003 109
36	专用设备制造业	0.009 376	−0.017 515	0.000 680	0.001 273
37	交通运输设备制造业	0.011 911	−0.020 311	0.001 159	0.002 477
39	电气机械及器材制造业	0.009 834	−0.028 778	0.001 433	0.003 865
40	通讯设备、计算机及其他电子设备制造业	0.006 854	−0.033 602	0.000 906	0.003 435
41	仪器仪表及文化办公机械制造业	0.004 321	−0.024 810	0.003 124	0.005 756
44	电力、热力的生产和供应业	−0.001 193	−0.000 807	0.000 206	0.000 257

和供应业除外),产业份额小于平均份额地区所对应分解结果总体为负数(石油加工、炼焦及核燃料加工业除外)。因此,对扩展边际下资源配置效率变化值分解所得两项的符号为(+,-),这意味着无论某地区的产业集聚程度如何,该地区的产业集聚都能够产生一定的技术外部性效应,即中国制造业的产业集聚可以促进技术进步,这也可以与已有的文献相互印证,如部分文献认为中国的产业集聚可以推动生产率提高或有助于创新(范剑勇,石灵云,2009;彭向,蒋传海,2011),这与本章的结论一致。但是本章的结论还表明产业集聚度较小地区的技术外部性要大于产业集聚度较大地区的技术外部性,说明产业集聚或资源配置的效率还未最大化,这也导致了扩展边际下中国制造业资源配置效率的恶化,可见资源应该向产业集聚程度较低的地区流动。

(2)集约边际下省际间静态的资源配置效率改善来自于仅仅只有生产率较高地区才会促进产业的进一步集聚。表5-4的结果说明集约边际下的资源配置效率变化值总体为正数,故此时式(5-10)中间两项的正负符号可能是(+,+),(+,-)以及(-,+)3种情况。由表5-6可知,生产率超过平均生产率地区所对应分解结果总体为正数(造纸及纸制品业除外),生产率小于平均生产率地区所对应分解结果总体也为正数(烟草制品业和电力、热力的生产和供应业除外),即式(5-10)中间两项实际的符号可以视为(+,+)。这说明只有技术水平较高的地区,其技术才会带来进一步的产业集聚效应,即意味着:技术对产业集聚的促进效应具有一定的门槛性,即只有较高的技术水平才会促进产业集聚。单从集约边际的角度而言,资源应该继续向产业集聚程度较高的地区流动,集约边际下的资源配置效率才会随之进一步改善。

(3)由表5-4可知,各行业二元边际下省际间动态资源配置效率变化的方向并不一致,不过从表5-7还是可以发现,无论产业份额是增加还是减少,生产率都会有所提高(个别行业除外),这也意味着无论产业集聚的规模多大,产业集聚都会产生一定的技术外部性效应,与前文得到的结论一致。如果按照生产率是否增加或技术是否进步对二元边际下省际间动态的资源配置效率变化进行分解:就轻工业而言,对于生产率提高的地区,轻工业产业份额变动方向并不一致,但是对于生产率下降的地区,除了饮料制造业,产业份额都会随之下降;对于通用设备制造业、专用设备制造业、交通运输设备制造业、电气机械及器材制造业、通讯设备、计算机及其他电子设备制造业、仪器仪表及文化办公机械制造业为代表的重工业而言,无论生产率提高还是下降,其产业份额都会随之下降(生产率下降时的专用设备制造业除外)。结合表5-6的结果,上述分析说明,对于中国的制造业而言,技术进步的产业集聚效应并不取决于短期的生产率变动,而是取决于实际生产率水平的高低。

(4)结合表5-5和表5-8的结论,可知分行业省际间资源配置效率变化均值的细化分解结果与分行业省际间静态资源配置效率变化的细化分解结果相似,同样可以得到:扩展边际下省际间的资源配置效率恶化来自于产业集聚度较小地区的技术外部性大于产业集聚度较大地区的技术外部性;而集约边际下省际间的资源配置效率改善来自于产业进一步集聚于生产率更高的地区。

5.3.4 中国制造业省际间资源配置效率演化的区域差异

由于不同区域的地理位置与资源禀赋存在差异,而这些都可能影响资源配置的效率,因此除了分析全国制造业省际间资源配置效率的演变,还有必要分区域探讨内地与沿海省际间资源配置效率的演变。由于二元边际下动态的资源配置效率变化对总的资源配置效率影响相对较小,故本章只根据式(5-9),将各区域资源配置效率的变化分解为扩展边际下以及集约边际下资源配置效率的变化均值,分解的结果见表5-9。由表5-9计算的结果可知以下几个方面。

(1)总体而言,内地资源配置效率在不断恶化,而沿海资源配置效率却有所改善(若不考虑电力、热力的生产和供应业,仅就20个制造业而言,内地有18个行业资源配置效率降低,沿海有18个行业资源配置效率增加)。

(2)就扩展边际下和集约边际下资源配置效率的均值而言,与内地相比,沿海部分轻工业集约边际下资源配置效率存在恶化趋势(饮料制造业、纺织业、造纸及纸制品业、化学纤维制造业),不过内地与沿海最主要的区别在于:沿海扩展边际下资源配置效率要明显高于内地。这说明就扩展边际而言,沿海产业集聚的整体效率或沿海产业集聚的技术外部性效应要高于内地,原因可能在于:与内地相比,沿海拥有更高的人力资本水平和更为完善的市场制度。

5.4 小结

对资源误置来源与形成机制的探讨,是资源误置的研究重点。不过正如前文所述,当前主要通过测量要素投入扭曲来衡量资源误置的方法,难以将扩展边际下的资源误置包括在内,而且缺乏对资源误置形成机制的解释。与之对比的是,本章结合新新经济地理理论对二元边际下省际间资源配置效率的演化机制做出了合理

表 5-9 分区域省际间资源配置效率变化均值的分解

代码	行业	内地资源配置效率变化			沿海资源配置效率变化		
		资源配置效率总变化	扩展边际下资源配置效率变化均值	集约边际下资源配置效率变化均值	资源配置效率总变化	扩展边际下资源配置效率变化均值	集约边际下资源配置效率变化均值
13	农副食品加工业	−0.004 266	−0.008 210	0.003 944	0.000 510	0.000 103	0.000 408
14	食品制造业	−0.006 992	−0.008 545	0.001 553	0.005 597	0.005 040	0.000 557
15	饮料制造业	−0.001 770	−0.003 454	0.001 684	0.002 778	0.003 245	−0.000 467
16	烟草制品业	0.003 510	0.001 609	0.001 901	−0.005 138	−0.005 163	0.000 025
17	纺织业	−0.015 799	−0.019 302	0.003 503	0.004 463	0.005 567	−0.001 105
22	造纸及纸制品业	−0.000 605	−0.004 024	0.003 419	0.001 271	0.003 156	−0.001 884
25	石油加工、炼焦及核燃料加工业	−0.002 787	0.001 564	−0.004 351	0.008 861	0.004 298	0.004 563
26	化学原料及化学制品制造业	−0.001 464	−0.003 713	0.002 249	0.002 640	0.000 795	0.001 845
27	医药制造业	−0.001 866	−0.002 753	0.000 888	0.003 372	0.002 349	0.001 022
28	化学纤维制造业	−0.007 303	−0.010 880	0.003 577	0.003 526	0.004 588	−0.001 062
31	非金属矿物制品业	−0.001 474	−0.003 503	0.002 030	0.001 572	0.001 366	0.000 206

续表 5-9

代码	行业	内地资源配置效率变化			沿海资源配置效率变化		
		资源配置效率总变化	扩展边际下资源配置效率变化均值	集约边际下资源配置效率变化均值	资源配置效率总变化	扩展边际下资源配置效率变化均值	集约边际下资源配置效率变化均值
32	黑色金属冶炼及压延加工业	−0.002 429	−0.003 944	0.001 515	0.000 557	−0.001 147	0.001 705
33	有色金属冶炼及压延加工业	0.002 371	0.000 174	0.002 198	−0.001 336	−0.003 457	0.002 122
34	金属制品业	−0.012 401	−0.015 054	0.002 653	0.004 533	0.003 914	0.000 620
35	通用设备制造业	−0.012 712	−0.015 295	0.002 583	0.005 778	0.004 060	0.001 717
36	专用设备制造业	−0.009 897	−0.010 623	0.000 726	0.004 227	0.003 163	0.001 065
37	交通运输设备制造业	−0.009 572	−0.010 271	0.000 699	0.005 205	0.002 571	0.002 634
39	电气机械及器材制造业	−0.022 590	−0.024 997	0.002 407	0.010 081	0.007 632	0.002 449
40	通讯设备、计算机及其他电子设备制造业	−0.022 202	−0.024 345	0.002 143	0.001 662	−0.000 174	0.001 836
41	仪器仪表及文化办公机械制造业	−0.016 057	−0.020 514	0.004 457	0.005 415	0.001 733	0.003 683
44	电力、热力的生产和供应业	−0.000 870	−0.000 847	−0.000 024	−0.000 538	−0.000 987	0.000 449

阐释，并通过构建中国制造业分行业、分地区的面板数据，探讨了中国制造业省际间资源配置效率的实际演化路径。

本章得出主要结论如下：

(1)二元边际下省际间资源配置效率变化的来源可以归因于产业集聚与生产率异质的互动作用，其中扩展边际下静态资源配置效率的变化来自不同地区产业集聚对生产率异质的作用差异，而集约边际下静态资源配置效率的变化来自不同地区生产率异质对产业集聚的作用差异，二元边际下动态的资源配置效率变化来自产业集聚与生产率异质性的动态交叉作用。

(2)尽管中国制造业在省际间的资源配置是整体有效的，但是从动态的角度看，大部分制造业省际间的资源配置却有恶化的趋势。

(3)扩展边际下静态的资源配置效率逐渐恶化，说明扩展边际下的资源误置有加重的趋势；而集约边际下静态的资源配置效率有所改善，说明集约边际下资源误置程度正在下降。其中扩展边际下省际间静态的资源配置效率恶化来自于产业集聚度较小地区的技术外部性大于产业集聚度较大地区的技术外部性，而集约边际下省际间静态的资源配置效率改善来自于仅仅只有生产率较高地区才会促进产业的进一步集聚，并且二元边际下静态的资源配置效率变化主导了中国制造业省际间资源配置效率的演变方向。

(4)总体而言，内地资源配置效率在不断恶化，而沿海资源配置效率却有所改善，主要是因为沿海扩展边际下资源配置效率要明显高于内地，即沿海产业集聚的技术外部性效应要高于内地。

本章的结论表明集约边际下资源配置效率有所提升，意味着中国各省际间生产要素流动的障碍正在逐步消除，国内整体的市场一体化程度日益提升，特别是随着内地城市群或城市圈建设的兴起,以及高铁网络的逐渐形成,内地的市场一体化水平也逐步提高,这都有益于各类生产要素的流动和集约边际下资源配置效率的改善。然而,扩展边际下资源配置效率却在下降,这导致中国制造业省际间的资源配置又有恶化的趋势,原因在于中国产业大规模集聚的效率较低,或产业集聚程度的提高并没有带来技术外部性的提升,结合沿海扩展边际下资源配置效率要明显高于内地或沿海产业集聚的技术外部性效应要高于内地,可知中国产业集聚较低的技术外部性应该源自国内整体较低的人力资本水平和不太完善的市场制度。因此,除了继续促进国内的市场一体化以进一步改善集约边际下资源配置的效率外,更加重要的是,还须积极注重教育以提升人力资本,不断推动改革以完善市场制度,进而提高扩展边际下的资源配置效率,这才是改善国内资源配置效率的根本途径。

 **推动中国制造业有效集聚的可行思路**

　　一方面,本书基于企业异质性与产业集聚互动的视角,分别构建了资本自由流动模型和技能劳动力自由流动模型。第2章为资本自由流动模型,其基于OTT线性框架,将技术溢出与企业异质性相联系,系统分析了技术溢出对本地市场效应以及地区间消费者福利差距的影响,进而得到了以下结论:①在满足贸易可行的条件之下,本地市场效应依然存在;②技术溢出效应越强,会使本地市场效应的强度随之增加,而随着市场一体化的深化,技术溢出对本地市场效应的边际贡献也会随之增加;③技术溢出效应的增强会使地区间消费者福利水平的差距不断扩大,而且产品的差异化程度的提高会放大技术溢出效应增加所带来的地区间消费者福利差距扩大的程度。第3章为技能劳动力自由流动模型,在技术溢出内生的视角之下,该章将技能劳动力集聚程度与低成本企业出现概率相联系,进而分析了企业异质内生可变下的地区产业分布演变,发现:①在技术溢出或企业异质内生可变时,随着一体化的深化,经济不再是如企业异质外生时直接从对称结构突变为"核心-边缘"结构,而是从对称结构逐渐过渡到"核心-边缘"结构。②地区间的平均生产率差异越大,技能劳动力的分布重新回到均衡分布

的速度也会越快。③在将城市拥挤成本纳入分析框架之后,发现钟状曲线并不会必然出现,当城市拥挤成本较低时,钟状曲线不会出现;当城市拥挤成本很高时,产业分布既可能永远都是对称的,也可能会出现完整的钟状曲线;而当城市拥挤成本处于中等程度时,此时或者是出现不完整的钟状曲线,或者是产业向市场规模较大的地区部分集聚。

另一方面,以前两章理论模型为基础,第4章和第5章分别探讨了中国制造业集聚的动力机制与效率形成机制。第4章首先分析企业异质性或技术水平对中国制造业集聚的影响,在控制变量的内生性之后,发现技术进步会显著促进中国制造业集聚。同时,理论模型的结果也表明,随着市场一体化的深化,地区生产率差距也会随之扩大,通过计量模型的系统GMM估计,发现"市场一体化会扩大地区生产率差距"这个结论是成立的,而且相当稳健。上述结论意味着,在中国区域市场一体化不断深化的同时,有必要利用各种政策手段积极促进区域间的技术扩散和产业转移,从而尽可能缩小地区生产率差距,缩小中国各省份间的制造业发展差距,促进区域均衡发展。第5章基于企业异质性与产业集聚互动的视角,进一步解释了扩展边际下以及集约边际下省际间资源配置效率的演化机制,并通过构建中国制造业分行业、分地区的面板数据,探讨了中国制造业省际间资源配置效率的实际演化路径,由此得到的主要结论有:①二元边际下省际间资源配置效率变化来源于产业集聚与生产率异质的互动作用;②中国制造业在省际间的资源配置整体有效但却有恶化趋势,其中集约边际下的资源配置效率有所改善,而扩展边际下的资源配置效率逐渐恶化;③沿海资源配置效率要高于内地,主要是因为沿海扩展边际下资源配置效率要高于内地或沿海产业集聚的技术外部性要高于内地。上述结论表明,积极提高产业集聚的技术外部性以改善扩展边际下的资源配置效率,才是当前改善中国资源配置效率的关键。

综上所述,可以得出以下结论。

(1)技术进步可以推动中国制造业的有效集聚。技术进步促进了中国制造业集聚,并提高了中国制造业集约边际下的资源配置效率。前一个论点来自第4章,后一个论点来自第5章,事实上这两个论点只不过是一个硬币的正反面,都说明技术进步推动了中国制造业的集聚。这个过程同时也意味着制造业资源配置效率的提高。两个论点可以相互印证,也说明上述结论具有相当的稳健性。

(2)市场一体化可以推动中国制造业的有效集聚。市场一体化扩大了地区技术差距,但是提高了资源配置效率,第4章的结论说明市场一体化会扩大地区技术差距,意味着市场一体化会扩大地区间的产业差距和经济发展差距,但是如此就说明缩小地区间贸易成本、深化市场一体化的相关政策并不合理? 准确的评估需要弄清这样一个问题:市场一体化是否有助于中国制造业资源配置效率的提升,或者市场一体化是否提高了整个社会的福利水平? 第5章的结论表明集约边际下资源配置效率有所改善,内涵的意义在于当前的市场一体化可以促使要素流向技术水平更高的地区,也说明当前的"市场一体化"是有效的市场一体化。可见,虽然市场一体化扩大地区技术差距,而市场一体化也确保了资源不断流向技术水平更高的地区(集约边际下的资源配置效率优化),从而扩大了地区间的产业差距和经济发展差距,但是市场一体化的这种作用可以提高整个社会的福利水平,因此应该继续推动当前深化市场一体化的各类政策,如建设和优化"四横四纵"的高铁网络等。

(3)中国大规模的制造业集聚并未产生相应的技术外部性,恶化了中国制造业的资源配置效率。上述的市场一体化和技术进步都可以推动中国制造业的有效集聚,如果制造业集聚自身又可以通过技术外部性来推动技术进步,进而提高扩展边际下的资源配置效率,那么中国制造业的资源配置效率就可以不断"螺旋"式地提升改善。然而,中国扩展边际下资源配置效率却在下降,这导致中国制造业省际间的资源配置又有恶化的趋势,原因在于中国产业大规模集聚的效率较低,或产业集聚程度的提高并没有带来技术外部性的提升。根本原因在于,国内整体较低的人力资本水平和不太完善的市场制度。

根据上述分析,若要推动中国制造业的有效集聚,关键在于以下两点。

(1)降低区域间双向贸易成本。本书的结论说明,市场一体化的重要性不在于促进产业集聚,而在于推动产业的有效集聚,即引导产业集聚于技术水平更高的地区,这也意味着贸易成本的下降和政策的优惠不应该是单方面的,但就目前中国区域政策的实施导向而言,降低区域间双向贸易成本最为有效的措施是积极推进交通基础设施建设,如大力推进高铁网络的建设等,尽量缩短人和物的双向时空间隔。

(2)提高产业集聚的技术外部性水平。提高产业集聚的技术外部性水平,进而提升产业集聚地的技术水平有两个好处:一是可以与市场一体化结合,促进产业向技术水平更高的地区集聚,同时改善集约边际下的资源配置效率;二是可以进一步改善扩展边际下的资源配置效率,而且这两个层面的效率改善是内生互动的关系。那么,如何提高产业集聚的技术外部性水平?根据第5章的分析,产业集聚的技术外部性水平主要取决于人力资本和市场制度。除此之外,降低产业集聚带来的负外部性,如城市拥挤成本,也同样重要。

主要参考文献

柏培文.中国劳动要素配置扭曲程度的测量[J].中国工业经济,2012(10):19-31.

陈诗一.中国工业分行业统计数据估算:1980—2008[J].经济学,2011(3):735-776.

陈勇,李小平.中国工业行业的面板数据构造及资本深化评估:1985—2003[J].数量经济技术经济研究,2006(10):57-68.

范剑勇,石灵云.产业外部性、企业竞争环境与劳动生产率[J].管理世界,2009(8):65-72.

范剑勇.产业集聚与地区间劳动力生产率差异[J].经济研究,2006(11):72-81.

傅晓霞,吴利学.中国地区差异的动态演进及其决定机制:基于随机前沿模型和反事实收入分布方法的分析[J].世界经济,2009(5):41-55.

盖庆恩,朱喜,史清华.劳动力市场扭曲、结构转变和中国劳动生产率[J].经济研究,2013(5):87-97.

龚关,胡关亮.中国制造业资源配置效率与全要素生产率[J].经济研究,2013(4):4-15.

桂琦寒,陈敏,陆铭,等.中国国内商品市场趋于分割还是整合?——基于相对价格法的分析[J].世界经济,2006(2):20-30.

郭庆旺,贾俊雪.中国全要素生产率的估算:1979—2004[J].经济研究,2005(6):51-60.

黄勇峰,任若恩,刘晓生.中国制造业资本存量永续盘存法估计[J].经济学,2002(2):377-396.

李宾,曾志雄.中国全要素生产率变动的再测算:1978—2007年[J].数量经济技术经济研究,2009(3):3-15.

李建伟.我国工业企业原材料燃料动力购进价格的影响因素[J].重庆理工大学学报(社会科学),2011(11):1-14.

李静,孟令杰,吴福象.中国地区发展差异的再检验:要素积累抑或TFP[J].世界经济,2006(1):12-22.

李胜文,李大胜.中国工业全要素生产率的波动:1986—2005——基于细分行业的三投入随机前沿生产函数分析[J].数量经济技术经济研究,2008(5):43-54.

李小平,卢现祥,朱钟棣.国际贸易、技术进步和中国工业行业的生产率增长[J].经济学,2008(2):549-564.

李玉红,王皓,郑玉歆.企业演化:中国工业生产率增长的重要途径[J].经济研究,2008(6):12-24.

连玉君,彭方平,苏治.融资约束与流动性管理行为[J].金融研究,2010(10):158-171.

梁琦,李晓萍,简泽.异质性企业的空间选择与地区生产率差距研究[J].统计研究,2013(6):51-57.

梁琦,李晓萍,吕大国.市场一体化、企业异质性与地区补贴——一个解释中国地区差距的新视角[J].中国工业经济,2012(2):16-25.

梁琦,钱学锋.外部性与集聚:一个文献综述[J].世界经济,2007(2):84-96.

陆铭,陈钊.分割市场的经济增长——为什么经济开放可能加剧地方保护[J].经济研究,2009(3):42-52.

聂辉华,贾瑞雪.中国制造业企业生产率与资源误置[J].世界经济,2011(7):27-42.

彭向,蒋传海.产业集聚、知识溢出与地区创新[J].经济学,2011(3):913-934.

钱学锋,蔡庸强.资源误置测度方法研究述评[J].北京工商大学学报(社会科学版),2014(3):116-126.

任若恩,孙琳琳. 我国行业层次的 TFP 估计:1981—2000[J]. 经济学,2009(3):925-950.

孙琳琳,任若恩. 中国资本投入和全要素生产率的估算[J]. 世界经济,2005(12):3-13.

张军,吴桂英,张吉鹏. 中国省际物质资本存量估算:1952—2000[J]. 经济研究,2004(10):35-44.

赵奇伟,熊性美. 中国三大市场分割程度的比较分析:时间走势与区域差异[J]. 世界经济,2009(6):41-53.

赵志耘,吕冰洋,郭庆旺,等. 资本积累与技术进步的动态融合:中国经济增长的一个典型事实[J]. 经济研究,2007(11):18-31.

朱钟棣,李小平. 中国工业行业资本形成、全要素生产率变动及其趋异化[J]. 世界经济,2005(9):51-62.

Arellano M, Bover O. Another Look at the Instrumental Variable Estimation of Error-Components Models[J]. Journal of Econometrics,1995(68):29-51.

Arellano M, Bond S. Some Tests of Specification for Panel Data: Monte Carlo Evidence and an Application to Employment Equations[J]. Review of Economic studies,1991(58):277-297.

Baily M, Hulten C, Campbell D. Productivity Dynamics in Manufacturing Llants[J]. In Brookings Papers on Economic Activity: Microeconomics,1992(4):187-267.

Baldwin R, Okubo T. Heterogeneous Firms, Agglomeration and Economic Geography: Spatial Selection and Sorting[J]. Journal of Economic Geography,2006,6(3):323-346.

Banerjee A, Moll B. Why Does Misallocation Persist? [J]. American Economic Journal: Macroeconomics,2010,2(1):189-206.

Barro R J, Sala-i-Martin X. Economic Growth[M]. 2nd ed. Cambridge, Massachusetts: MIT Press,2004.

主要参考文献

Bartelsman E, Haltiwanger J, Scarpetta S. Cross-country Differences in Productivity: The Role of Allocative Efficiency[C]. American Economic Review, American Economic Association, 2013, 103(1): 305 – 334.

Behrens K, Mion G, Ottaviano G I P. Economic Integration and Industry Reallocations[J]. In Jovanovic, Miroslav N, International Handbook on the Economics of Integration, Edward Elgar, Cheltenham, UK, 2011, Volume II.

Blundell R, Bond S. Initial Conditions and Moment Restrictions in Dynamic Panel Data Models[J]. Journal of Econometrics, 1998(87): 115 – 143.

Bond, Stephen Roy, Hoeffler, et al. GMM Estimation of Empirical Growth Models[J]. CEPR Discussion Papers, 2001, 159(1): 99 – 115.

Brandt L, Tombe T, Zhu X. Factor Market Distortions Across Time, Space and Sectors in China[J]. Review of Economic Dynamics, 2013, 16(1): 39 – 58.

Chen E K Y. The Total Factor Productivity Debate: Determinants of Economic Growth in East Asia[J]. Asian-pacific Economic Literature, 1997, 11(1): 18 – 38.

Coe D T, Helpman E. International R&D Spillovers[J]. European Economic Review, 1995(39): 859 – 887.

Combes P P, Duranton G, Gobillon L, et al. The Productivity Advantages of Large Cities: Distinguishing Agglomeration from Firm Selection[J]. Working Papers, Instituto Madrileno De Estudios Avanzados (IMDEA) Ciencias Sociales, 2009(02).

Combes P P, Mayer T, Thisse J F. Economic Geography: The Integration of Regions and Nations[J]. Princeton University Press, 2008, 37(1): 126 – 128.

Crespo J, Martín C, Velázquez F J. International Technology Diffusion through Imports and its Impact on Economic Growth[J]. European Economy Group Working Papers,2002(12).

Datta A,Mohtadi H. Endogenous Imitation and Technology Absorption in a Model of North-South Trade[J]. International Economic Journal, 2006,20(4):431-459.

Dixit A K,Stiglitz J E. Monopolistic Competition and Optimum Product Diversity[J]. American Economic Review,1977,67(3):297-308.

Fagerberg J, Srholec M. Catching up: What are the Critical Factors for Success? [J]. Working Papers on Innovation Studies, Centre for Technology, Innovation and Culture, University of Oslo, 2005 (04):01.

Foster N,Stehrer R. Sectoral Productivity, Density and Agglomeration in the Widereurope[J]. Micro-Dyn Working Paper,The Wienna Institute for International Economic Studies,2007(01):08.

Griliches Z, Regev H. Firm Productivity in Israeli Industry: 1979—1988 [J]. Journal of Econometrics,1995,65:175-203.

Hanson G H. Scale Economies and the Geographic Concentration of Industry[J]. NBER Working Papers, National Bureau of Economic Research, Inc,2000.

Hsieh C,Klenow P. Misallocation and Manufacturing TFP in China and India[J]. Quarterly Journal of Economics,2009,124(4):1403-1448.

Keller W. International Technology Diffusion[J]. Journal of Economic Literature,2004,42(3):752-782.

Keller W. International Trade,Foreign Direct Investment,and Technology Spillovers[J]. NBER Working Papers,2009:793-829.

Krugman Paul. Increasing Returns and Economic Geography[J]. Journal of Political Economy,1991,99:483-499.

Lucas R J. On the Mechanics of Economic Development[J]. Journal of Monetary Economics,1988,22(1):3-42.

Manca Fabio. Technology Catch-up and the Role of Institutions[J]. Journal of Macroeconomics,2010,32:1041-1053.

Marc Melitz, Saso Polanec. Dynamic Olley-Pakes Productivity Decomposition with Entry and Exit[J]. Working Paper, Harvard University OpenScholar,2015,46(2):362-375.

Maximilian,Von Ehrlich,Tobias Seidel. More Similar Firms-More Similar Regions? On the Role of Firm Heterogeneity for Agglomeration[J]. Regional Science and Urban Economics, Elsevier,2013,43(3):539-548.

Melitz M,Ottaviano G I P. Market Size, Trade, and Productivity[J]. Review of Economic Studies,2008,75:295-316.

Melitz M. The Impact of Trade on Intra-Industry Reallocations and Aggregate Industry Productivity [J]. Econometrica, 2003, 71 (6): 1695-1725.

Okubo T,Picard P M,Thisse J F. Spatial Sorting of Heterogenous Firms [J]. Journal of International Economics,2010,82(2):230-237.

Olley, Steven, Ariel Pakes. The Dynamics of Productivity in the Telecommunications Equipment Industry[J]. Econometrica,1996,64(6):1263-1297.

Ottaviano G I P,Tabuchi T,Thisse J F. Agglomeration and Trade Revisited[J]. International Economic Review,2002,43(2):409-436.

Ottaviano G I P. Agglomeration, Trade and Selection[J]. Regional Science and Urban Economics, Elsevier,2012,42(6):987-997.

Ottaviano G. New New Economic Geography: Firmheterogeneity and Agglomeration Economies[J]. Journal of Economic Geography,2011,11(1):231-240.

Pack H. Technological Change and Growth in East Asia: Macro Versus

Micro Perspectives[M]. J. Stiglitz and S. Yusuf (editors) Rethinking the East Asian Miracle, Oxford, Oxford University Press for the World Bank, 2001.

Petrin A, Levinsohn J. Measuring Aggregate Productivity Growth Using Plant-level Data[J]. RAND Journal of Economics, 2012, 43(4): 705 – 725.

Posner M. International Trade and Technical Change[J]. Oxford Economic Papers, 1961, 13(3): 323 – 341.

Restuccia D, Rogerson R. Policy Distortions and Aggregate Productivity with Heterogeneous Establishments[J]. Review of Economic Dynamics, 2008, 11(4): 707 – 720.

Roodman David. A Note on the Theme of Too Many Instruments[J]. Oxford Bulletin of Economics and Statistics, Department of Economics, University of Oxford, 2009b, 71(1): 135 – 158.

Roodman David. How to Do xtabond2: An Introduction to Difference and System GMM in Stata[J]. Stata Journal, StataCorp LP, 2009a, 9(1): 86 – 136.

Windmeijer F. A Finite Sample Correction for the Variance of Linear Efficient Two-step GMM Estimators[J]. Journal of Econometrics, 2005, 126(1): 25 – 51.

Xu B. Multinational Enterprises, Technology Diffusion, and Host Country Productivity Growth[J]. Journal of Development Economics, 2000, 62: 477 – 493.